Edition Talberg

Ebenfalls erschienen von Harald B.W. Fischer:
Cancelled (Roman)
Kurze Ruh (Schwäbischer Kriminalroman)

www.edition-talberg.de

Verlag: Edition Talberg 29439 Lüchow

Herstellung: Books on Demand GmbH Norderstedt
Umschlag: F. Halweg
ISBN 978-3-943869-07-1

Harald B.W. Fischer

Spätlese

Theologische Anmerkungen

Edition Talberg

Der Autor

Harald B.W. Fischer, Jahrgang 1943, studierte in Tübingen und Zürich Evangelische Theologie und unterrichtete nach einigen Jahren im Gemeindepfarramt Religion und Philosophie an beruflichen Schulen und Gymnasien.
Gedichte, nicht nur auf Schwäbisch, sowie Kinderlieder, Romane und theologische Aufsätze kommen aus seiner Feder.

Theologie
ist die Auseinandersetzung
des Menschen mit sich selbst
vor dem Angesicht Gottes.

INHALT

VORWORT

Weinliebhaber schätzen eine „Spätlese" wegen des besonderen Geschmacks, den die länger ausgereiften Trauben abgeben. Die vorliegende Sammlung von kurzen theologischen Aufsätzen trägt diesen Titel nicht wegen der ausgereiften Inhalte, sondern ganz einfach aufgrund der Tatsache, dass die Texte das Ergebnis langjähriger Gespräche mit vielen jungen Menschen sind.

Ohne die Herausforderungen des Religionsunterrichts wäre ich nicht dort hingekommen, wo ich heute mit meinen theologischen Erkenntnissen stehe, und dafür bin ich den Schülerinnen und Schülern verschiedener Konfessionen und Religionen dankbar. Sie haben mir durch ihre Fragen und Meinungen zu einem Reifungsprozess verholfen, der, so hoffe ich, noch nicht abgeschlossen ist.

Theologie ist - auch das habe ich gelernt - eine Sache, die ständig in Bewegung bleiben muss bei denen, die sich mit ihr beschäftigen. Es kann dabei nicht darum gehen, schnelle Antworten auf drängende Fragen zu geben, sondern eigene und fremde Positionen immer wieder zu hinterfragen und neue Einsichten zu gewinnen.

Ich wünsche allen, die diese Anmerkungen lesen, dass sie sich von den angesprochenen Themen bewegen lassen zu eigenem Nachdenken und zu Gesprächen mit anderen.

Mössingen, Ostern 2015

Harald B.W. Fischer

Das Reden des Menschen von Gott

Ambivalenz einer Hassliebe

Es gibt in allen menschlichen Kulturen verschiedene Umgangsformen des Menschen mit Gott. Er verehrt ihn, bringt ihm Opfer dar, singt, spielt und tanzt „vor seinem Angesicht", lobt und preist Gottes Werke und Allmacht, wie wir es zum Beispiel in den Psalmen des Alten Testaments lesen können.

Er kann aber auch mit Gott hadern, ihn anklagen, ja über ihn lästern und spotten, seine Existenz leugnen wie die Atheisten oder ihn gar, wie Friedrich Nietzsche und andere, für tot erklären. Und wenn der Mensch nicht m i t Gott redet wie im Gebet, so eben v o n Gott wie von einem Phänomen, das ihn auf besondere Weise beschäftigt.

Die Frage aber ist, warum der Mensch überhaupt von Gott redet. Wie kommt er darauf, von einem „Wesen" zu sprechen, das er nicht sieht, das „über" ihm steht und zu dem er oftmals ein sehr zwiespältiges Verhältnis hat?

Die Bandbreite reicht von überschwänglicher Verehrung und Liebe bis hin zu gleichgültiger Ablehnung und abgrundtiefem Hass. Es scheint so zu sein wie im Verhältnis des Menschen zu seiner eigenen ‚species': er liebt und umsorgt seinesgleichen so sehr, wie er sein Gegenüber verachtet und hasst, bekämpft und ihm letztlich sogar nach dem Leben trachtet.

Über etwas zu reden heißt, sich damit auseinanderzusetzen. Offenbar ist Gott etwas, was den Menschen wie kaum etwas anderes in seinen Bann zieht und beschäftigt. Gott verkörpert vor allem das Unerklärliche, das Übermächtige, das Verborgene, von dem sich der Mensch bisweilen bedroht fühlt. Daneben aber steht Gott für Hilfe,

Stärke, Fürsorge und Liebe. Über diese Eigenschaften redet der Mensch, wenn er von Gott redet, und es geht ihm dann mehr darum, was Gott tut, als darum, wer er ist.

Und doch haben wir Menschen uns angewöhnt, von Gott als einem zu sprechen, der uns zur Verfügung steht, über den wir gleichsam bestimmen können. Gott hat gefälligst das zu tun, was uns Menschen nützt und hilft, die Frage ist nur, ob er es auch wirklich tut. Wenn Gott nicht so handelt, wie wir es erwarten oder uns wünschen, dann ist Gott ungerecht und lieblos.

Dann fangen wir an zu hadern: Wie konnte Gott das zulassen? Warum ist das gerade mir oder uns passiert? Was haben wir verbrochen, dass uns ein solches Schicksal getroffen hat? Sieht so die Liebe Gottes aus, wenn solch schrecklichen Dinge in der Welt geschehen?

Eindrucksvolles Beispiel sind neben Katastrophen aller Art die Kriege, welche die Menschen über die Jahrhunderte angezettelt haben. Gott musste dabei selbstverständlich herhalten als mächtiger Kriegsherr und Beschützer derer, die in die Schlacht zogen. „Gott mit uns" stand auf Millionen von Koppelschlössern, und nicht nur Machthaber, sondern auch dazu berufene Geistliche haben den Soldaten aller Beteiligten zugerufen: „Gott ist mit den stärkeren Bataillonen!" Der arme Gott! Auf wessen Seite sollte er sich schlagen? Doch wenn am Ende tausende von Kämpfern gefallen waren und namenloses Leid über die Menschen gekommen war, haben die Überlebenden wiederum demselben Gott ihre Not und ihren Schmerz geklagt oder - im Falle eines Sieges - ihm dankbare Lobgesänge angestimmt, begleitet von Pauken und Trompeten.

Ganz allgemein gesagt: Der Mensch bedient sich der Macht Gottes nach seinem Gutdünken. Je nach Lage der Dinge kann man ihn ja um Hilfe anrufen nach dem Motto

„Not lehrt beten", oder wie es eine große deutsche Boulevardzeitung angesichts der Katastrophe des 9. September 2001 in dicken Lettern verkündete: „Jetzt hilft nur noch beten". Ist Gott einer, der nur darauf wartet, angerufen zu werden wie die Feuerwehr oder der Notarzt? Das wäre ein auf die Bedürfnisse des Menschen zugeschnittenes Gottesbild, das in der Tat in den Köpfen der Menschen entstanden wäre, wohl kaum aber eines, das dem umfassenden Wesen Gottes entspricht, wie wir es aus der Bibel und anderen Offenbarungsquellen kennen.

Wer aber ist dieser Gott? Woher wissen wir etwas über ihn? Ausgehend von den Zeugnissen der Bibel haben wir uns im Christentum daran gewöhnt, von Gott gleichsam als von einer Person zu sprechen. Gott heißt nicht Gott, er i s t Gott. Gott hat also keinen Namen wie etwa im Judentum, wo sein Name „Jahwe" („Ich bin, der ich bin") nicht ausgesprochen werden darf aus Scheu vor seiner Heiligkeit und einem möglichen Missbrauch. Diese Persönlichkeit Gottes bleibt dem Menschen bei aller Vertrautheit mit dem Göttlichen eigenartig fremd. Gott lässt sich, allen Glaubensüberzeugungen zum Trotz, nicht so leicht einordnen, schon gar nicht begreifen oder eindeutig verstehen. Deshalb gibt es in allen Religionen noch andere göttliche Personen, die das Wesen Gottes ergänzen und besser verstehbar machen.

Im Christentum ist das Jesus Christus, der „Sohn Gottes", der gleichsam der Stellvertreter Gottes ist: „Wer den Sohn sieht, der sieht den Vater" oder „Niemand kommt zum Vater denn durch mich". So haben es die frühen christlichen Schriftsteller ausgedrückt, und wir haben uns daran gewöhnt, von Jesus zu sprechen und Gott zu meinen. Jesus verkörpert sozusagen Gott, er ist uns als Mensch näher, auch wenn wir zugleich von seiner Göttlichkeit reden und ihn als die zweite Person in die Dreieinigkeit Gottes einreihen. Diese Dreieinigkeit Gottes wird durch den Heiligen Geist vervollständigt. Christen reden von „Gott, dem Heiligen Geist“, durch den sie selbst geheiligt werden. „Gott ist Geist“, so heißt es im Neuen Testament, und es gibt noch mehr solche Wesensbestimmungen, die den Menschen mit Gott verbinden: „Gott ist Liebe, und wer in der Liebe bleibt, der bleibt in Gott, und Gott in ihm.“

Wer also von Gott redet, der redet damit immer auch vom Menschen, und umgekehrt. Auf den Punkt gebracht heißt das, dass der Mensch Gott in sich trägt, weil Gott sich mit seinem Leben und Geist in jedem einzelnen Menschen verwirklicht und bewahrheitet, genauso wie in jeder anderen Kreatur. Nichts anderes bedeutet die Aussage am Anfang des Alten Testaments, dass Gott den Menschen „nach seinem Bilde“ geschaffen hat, und zwar als männlichen und weiblichen Menschen. Das Reden von Gott ist an die Liebe zu Gott gebunden, genauso, wie das Reden vom Menschen an die Liebe zum Menschen gebunden ist. Wertneutrales oder rein objektives Reden von Gott oder vom Menschen kann es streng genommen nicht geben. Wer dies versucht, landet früher oder später wieder, wie oben schon beschrieben, bei der Verfügbarkeit Gottes durch den Menschen.

Gott wird dann, wie der Mensch auch, zum beliebig formbaren Objekt, das dem Willen des Menschen unterworfen ist. Das aber wäre der endgültige Verlust Gottes und die Selbstaufgabe des Menschen. Die Würde des Menschen leitet sich her von dem Einssein mit Gott, die Würde Gottes aber offenbart sich im Einssein mit dem Menschen. Gott ist eins mit dem Menschen, ohne Ansehen der Person, ohne Wertung seiner Verdienste oder moralischen Eigenschaften (Luther: „ohn’ all mein Verdienst und Würdigkeit“). Die Aufgabe des Glaubens besteht darin, das

Einssein mit Gott zu suchen und nach Möglichkeit zu leben (Paulus: „nicht, dass ich's schon ergriffen hätte, ich jage ihm aber nach..."). Der Mensch wird sich seines Einsseins mit Gott umso eher bewusst, je mehr er sich darauf einlässt und darum bittet: „Herr, mache mich zum Werkzeug deines Friedens..." (Franz von Assisi). Menschliches Reden von Gott ist immer auch ein Reden des Herzens mit Gott, also beständiges Gebet, und dies, wie Luther sagt, „in Bitte und Fürbitte, Dank und Anbetung". Dann hat auch ein rationales und nach Objektivität strebendes Reden von Gott seinen Platz in der Theologie wie in der Philosophie und unterstreicht so die Universalität Gottes.

Über den Umgang Gottes mit uns

Befreiung zum Leben

Gott mutet uns zu, Verantwortung für uns selbst zu übernehmen.

Gott lässt nichts zu und er verhindert nichts, aber er ist um uns und in uns, wenn wir straucheln, wenn wir Fehler machen. Er trägt uns durch die Zeiten unseres Lebens, die uns Not machen, unter denen wir leiden.

Gott nimmt unsere Not auf sich, damit wir nicht darunter zusammenbrechen. Er geht mit uns durch unser Leiden hindurch, um uns daraus zu befreien.

Die größte Not ist, wenn wir schuldig werden oder wenn wir uns schuldig fühlen. Wir müssen uns klar werden über die Ursachen der Schuld und sie uns eingestehen. Aber wir dürfen sie uns auch vergeben, sie loswerden, weil Gott

uns vergibt und uns befreit zu neuem, hoffnungsvollem Leben.
Gott will nicht, dass wir uns verzehren in Selbstzweifeln und Vorwürfen. Er will, dass wir atmen und leben, dass wir mit uns und anderen achtsam und liebevoll umgehen. Er will es, weil er uns liebt.
Gott tröstet. Er ist unsere Zuversicht und Stärke. Er ist mit uns am Abend und am Morgen und ganz gewiss an jedem neuen Tag (D. Bonhoeffer).

Darum kann ich sprechen:
"Dennoch bleibe ich stets an dir, denn du hältst mich bei meiner rechten Hand, du leitest mich nach deinem Rat und nimmst mich am Ende mit Ehren an. Wenn ich nur dich habe, so frage ich nichts nach Himmel und Erde. Wenn mir gleich Leib und Seele verschmachtet, so bist du doch, Gott, allezeit meines Herzens Trost und mein Teil."
(Ps.73, 23-28)

Jesus von Nazareth

Glaube und Wirklichkeit

Über Jesus von Nazareth wurde und wird immer noch sehr viel geschrieben, angefangen von den Textzeugnissen des Neuen Testaments über die 'Leben-Jesu-Forschung' bis zu den neueren Monografien von Hans Küng und Papst Benedikt XVI. Wer immer etwas über Jesus schreibt, setzt sich zwischen alle Stühle des Glaubens und der Wissenschaft, auch wenn seine Position noch so gut theologisch und kirchlich abgesichert erscheinen mag. Der Mann aus Nazareth spielt im Christentum und weit darüber hinaus zwar eine dominierende Rolle, kann aber gerade deshalb alles andere als eindeutig dargestellt und auch nicht eindeutig verstanden werden, es sei denn, man hält den eigenen Glauben für absolut richtig und unanfechtbar. Es galt und gilt als gefährlich und grenzt für viele fast an Gotteslästerung, über Jesus eine andere als die gängige kirchliche und dogmatische Lehrmeinung zu haben. Ganz gleich, ob bedeutender Theologe oder Philosoph, einfacher Pfarrer oder Religionslehrer - die Menschen reagieren geradezu allergisch auf alle Äußerungen über Jesus, die ihrem Wissensstand und ihrer Glaubensüberzeugung widersprechen, und sie tun dies bis zum heutigen Tag. Nichts scheint so unumstößlich zu sein wie eine Meinung über Jesus, wie und woher sie der einzelne auch gewonnen haben mag. Allerdings gibt es auch Menschen, denen der Mann am Kreuz ziemlich gleichgültig ist, und die deshalb auch geneigt sind, sowohl an der Wahrheit seiner geschichtlichen Existenz als auch an seiner religiösen Heilsbedeutung zu zweifeln.

Die Person des Jesus von Nazareth wirft natürlich Fragen auf, und die Menge der historischen und theologischen Untersuchungen mit all ihren wechselhaften Beurteilungen ist unüberschaubar groß. Doch bei aller Vielfalt und Gegensätzlichkeit haben sich einige wenige Grundgedanken über Jesus festgesetzt, die zum Gemeingut menschlichen Wissens zu gehören scheinen. Dazu hat wesentlich die biblisch-kirchliche Tradition beigetragen und mit ihr die kulturell fest verwurzelten Feste, an denen Jesus im Mittelpunkt des Interesses steht. Aber genau hier ist die Gefahr von Missverständnissen am größten, wo die gewohnten und angeblich verlässlichen Sachverhalte und Botschaften nicht oder nur selten hinterfragt und diskutiert werden.

Was hat man für gewöhnlich über Jesus gelernt? Er ist an Weihnachten in einem Stall in Bethlehem geboren, und das von der Jungfrau Maria, deren Verhältnis zu Joseph, ihrem Mann, wegen der wundersamen Einwirkung des Heiligen Geistes auf die Zeugung nicht eindeutig zu klären ist. Als junger Mann hat er, so vermuten viele, das Zimmerhandwerk bei seinem Vater gelernt, bevor er später mit seinen Jüngern herumzog und irgendwann nach Jerusalem kam und dort verhaftet wurde. Auf Betreiben der Jerusalemer Behörden und auf Wunsch einer großen Volksmenge wurde er am Karfreitag von römischen Soldaten öffentlich hingerichtet und ist - auch dies übersteigt den menschlichen Verstand - nach drei Tagen auferstanden und in den Himmel aufgefahren. Was in den Lebensjahren dazwischen geschehen ist, weiß man in der Regel nicht so genau, nur dass er als der „Sohn Gottes" ein guter Mensch gewesen ist, viele Menschen geheilt und etliche Wundertaten vollbracht hat.

So ist im Laufe der Geschichte ein Bild von Jesus entstanden, zu dem romantisch-idealisierende Begriffe wie „Heiland" und „guter Hirte" ebenso gehören wie die allüberall verbreiteten Darstellungen als Crucifixus in Kirchen und an Wegkreuzungen, an Halsketten hängend bei Bischöfen und jungen Mädchen, bis hin zum so genannten „Herrgottswinkel" in unzähligen Gasthöfen und Privathäusern. Sein Kreuz, über dessen Gegenwart in Gerichten, Schulen und Krankenhäusern heftig gestritten und prozessiert wird, entwickelte sich vom Marterpfahl zum christlichen Heilszeichen, dessen Bedeutung aber nicht einmal mehr auf Friedhöfen besonderes Nachdenken auslöst.

So hat man sich in der Welt an diesen Jesus gewöhnt, wie man sich an Buddha, Gandhi, Mohammed, Martin Luther-King und Mutter Teresa gewöhnt hat, die alle etwas mit Religion zu tun haben und - wer weiß - sicherlich auch gute Menschen waren. Sie alle sind, wie unzählige andere, bedeutende Figuren der Weltgeschichte, für die man sich ähnlich oberflächlich interessiert wie für Könige und Kaiser, Päpste und Revolutionäre, Nobelpreisträger und Erfinder von weltbewegenden Dingen wie Dampfmaschinen, Autos und Computern. Jesus, ein Mensch wie jeder andere, der es aus unerfindlichen Gründen zu einiger Berühmtheit und zum Musical-Superstar gebracht hat? Elvis Presley und Michael Jackson lassen grüßen, denn auch ihnen wird von ihren Fans Unsterblichkeit nachgesagt. Nur eines scheint doch bei Jesus etwas anders zu sein als bei vielen anderen Berühmtheiten. In der christlichen Glaubenslehre als zweite Person der Heiligen Dreieinigkeit geführt, genießt er göttliche Verehrung, ja er wird häufig mit Gott gleichgestellt, auch wenn er nur eine von drei göttlichen Wirkungsweisen verkörpert, nämlich die des Erlösers neben der des Schöpfers und des Versöhners.

Hier geraten wir unversehens mitten hinein in die christologischen Aussagen des Apostels Paulus und in seinem Gefolge der Verfasser der Evangelien, die ihre Texte als Glaubenszeugnisse verstanden wissen wollen und nicht als authentische Augenzeugenberichte (vgl. das Vorwort in Lukas 1: „damit du den Grund der Lehre erfährst, in der du unterrichtet bist.“) Während Paulus so gut wie gar nichts über den Menschen Jesus „erzählt“, dafür umso gründlicher die Bedeutung von Kreuz und Auferstehung im Leben und Glauben der frühen Christen oftmals mit geradezu beschwörenden Worten erklärt, bemühen sich die Evangelisten um eine, soweit es ihnen möglich ist, anschauliche Darstellung vom Auftreten des Rabbi Jesus, die aber, wie wir aus der theologischen Forschung wissen, weit entfernt davon ist, ein „Leben Jesu“ nachzuzeichnen. Den wirklichen Geschehnissen am nächsten dürfte allenfalls die Schilderung der Leidensgeschichte kommen, die den Kern der Evangelientexte ausmacht, während die beiden doch sehr unterschiedlichen Geburtstexte bei Matthäus und Lukas entgegen aller schönen Tradition die theologische Deutung der vom Alten Testament abgeleiteten davidischen Herkunft und Gottessohnschaft von Jesus zum Thema haben.

Lukas spielt mit der Hirtengeschichte sogar auf die frühchristliche Mission an und verweist auf recht kryptische Weise mit der „Krippe“ auf die Stelle bei Jesaja 1, 3. Die dort erwähnten Tiere, der Ochse und der Esel, tauchen zwar nicht bei Lukas, dafür aber in der gesamten bildhaften Tradition der Kirche auf und symbolisieren mit ihrem auf das Kind gerichteten Blick die Menschen, die ihren Herrn kennen und wissen, dass sie durch die „Kommunion“ mit und von ihm leben. Der Judenchrist Matthäus hingegen stellt den neugeborenen „König Israels“ in unmittelbare Konkurrenz zum römischen Vasallenkönig Herodes, der von den Sterndeutern den Aufenthaltsort des Kindes erfahren möchte. Als dies misslingt, lässt er zur Sicherheit gleich einige Dutzend Knaben bis zu zwei Jahren umbringen - der richtige würde dann schon dabei sein.

Diese durch die Evangelisten gegebenen Informationen sind für die frühen Christen im nicht-jüdischen, griechisch sprechenden Mittelmeerraum und in Kleinasien eine willkommene Unterstützung ihres Glaubens, hatten doch die meisten von ihnen bis dahin vom Judentum und den Hintergründen des gewaltsamen Todes von Jesus sowie von seiner Person selbst so gut wie keine Kenntnis. Die Teilhabe an der Überwindung des Totenreiches durch Christus im Vollzug der Taufe und die Aussicht auf ein neues Leben bei Gott waren die beherrschenden Elemente ihres Glaubens. Die Erweiterung der Kenntnisse über den auferstandenen Christus durch die Evangelienliteratur beförderte die Entwicklung einer frühchristlichen Theologie, die sich in den darauf folgenden Jahrhunderten zu einem nicht unumstrittenen frühkirchlich-dogmatischen Konstrukt verfestigte.

Was wir über Jesus von Nazareth wissen können, beruht zu einem großen Teil auf der Rekonstruktion seines öffentlichen Auftretens, ergänzt durch die teilweise ähnlich lautenden Texte der Evangelien. Allerdings muss dabei stets beachtet werden, dass deren Verfasser die Begebenheiten bis zu fünfzig Jahren nach dem Kreuzestod von Jesus gesammelt und aufgeschrieben haben. Es ist anzunehmen, dass sie ihre Informationen zum größten Teil mündlich bekommen haben von Leuten, denen die Worte und Taten des Rabbi Jesus so wichtig waren, dass sie diese in Erinnerung behalten und weitererzählt haben. Unstreitig aber handelt es sich bei den Evangelien um Zeugnisse des Glaubens an Jesus, den Christus, der als auferstandener Kyrios die Herrschaft des Himmels angetreten hat. Dies kommt zum Ausdruck in der Formulierung des Glaubensbekenntnisses „er sitzt zur Rechten Gottes“.

Entgegen einer weit verbreiteten Ansicht war Jesus kein Zimmermann. Er war von Beruf ein Rabbi, also ein herumreisender Wanderprediger oder Volkslehrer, von dem die Leute in den Städten und Dörfern erfahren konnten, was für sie im alltäglichen Leben wichtig war. Es gab ja weder Zeitungen noch Bücher, kein Radio und kein Fernsehen oder Internet und vor allem keine Schulen, wo man von Kindesbeinen an etwas für das Leben hätte lernen können. So waren die Leute auf solche Universalgelehrten ohne festen Wohnsitz angewiesen, wenn sie etwas über Religion, Wirtschaft, Politik und über rechtliche und soziale Angelegenheiten erfahren wollten. Dass ein derart kompetenter Lehrer sich auch in der Medizin und der Psychologie auskennen musste, verstand sich fast von selbst.

Wie aber kam Jesus zu diesem umfangreichen Wissen? Indem er viele Jahre an einer oder mehreren Tempel- oder Synagogenschulen studierte und ausgebildet wurde. Lesen und Schreiben war dafür Grundvoraussetzung, und so wurde Jesus zunächst einmal Schriftgelehrter im doppelten Sinn. Er musste die „Schriften" der Gesetze und der Propheten lesen und erklären können. Zu seiner Ausbildung gehörte wohl auch, dass er einige Jahre mit einem erfahrenen Rabbi umherzog, bevor er selbst diese Tätigkeit ausüben durfte. Als öffentlich und verbindlich lehrender Rabbi war er den religiösen und staatlichen Autoritäten gegenüber verantwortlich. Diese hatten das Recht, ja die Pflicht, einen Rabbi immer wieder zu prüfen und dahingehend zu kontrollieren, ob seine Lehre mit den allgemein anerkannten Grundsätzen des jüdischen Lebens und Glaubens übereinstimmte.

Wundern wir uns also nicht, wenn in den Evangelien häufig Vertreter der staatlichen und religiösen Ordnung zu Jesus kommen, um ihm zuzuhören und ihn anhand von konkreten Fragestellungen und Problemfällen in Diskussionen zu verwickeln. Eines der eindrucksvollsten Beispiele ist seine Begegnung mit der Frau, die sie ihm vorführen, weil sie Ehebruch begangen hatte. Sie fragen ihn, die Steine zu ihrer Tötung schon in den Händen, was im Gesetz des Mose darüber steht. Jesus aber durchschaut ihre Hinterlist und antwortet mit einer Aufforderung: Wer unter euch noch nie daran gedacht hat, mit einer anderen als seiner Ehefrau zu schlafen, der werfe den ersten Stein auf diese Frau (Joh. 8,7). Da ließen alle ihre Steine fallen und gingen davon. Die Frau, alleine mit dem Gesetzeslehrer, versteht die Welt nicht mehr. Anstatt sie zu verurteilen, entlässt er sie mit der Aufforderung, ihr Leben zu ändern.

Die „Prüfer", allesamt Männer, fühlen sich beschämt und entlarvt und fangen an, sich über Jesus zu ärgern und ihn zu verspotten. Es heißt mehrfach, dass sie sich überlegen, wie sie mit diesem in ihren Augen arroganten Quertreiber fertig werden sollen. Einmal wollen sie den Rabbi sogar vor lauter Wut verprügeln, und schließlich halten sie Rat, „wie sie Jesus mit List ergreifen und töten könnten" (Matth. 26,4). Jesus weiß, dass er gefährlich lebt, wenn er seine Art zu lehren und zu heilen fortsetzt. Und er weiß auch, dass sein Kollege und Verwandter Johannes, den er als „Täufer" am Jordan getroffen hatte, vor nicht allzu langer Zeit enthauptet worden war. Trotzdem kommt Jesus nach Jerusalem und wird von vielen Leuten mit „Hosianna"-Rufen und Palmzweigen begrüßt.

Der auffällige Einzug von Jesus in Jerusalem war möglicherweise Anlass für eine Demonstration von Sympathisanten, die seine Ankunft in der Stadt erwartet und sich darauf vorbereitet haben. Üblicherweise wird dieses Geschehen als relativ harmloses Faktum im Vorfeld des Prozesses und der Kreuzigung hingenommen, so, wie es in den Evangelien berichtet wird. Zu fragen ist einmal, wer diese Sympathisanten waren, was sie zu ihrem Auftritt bewogen und was sie mit dem Geleitzug für den Rabbi Jesus bezwecken wollten. Darüber erfahren wir aus den Evangelien nichts. Zu fragen ist weiterhin - wie grundsätzlich bei den Evangelien - , ob es sich um einen sachlichen "Bericht" oder um den Ausdruck früher Gemeindefrömmigkeit handelt.

Hinter dem, was die Menschen in Jerusalem dem auf einem Esel reitenden Jesus zurufen, könnte sich ein (späteres) Bekenntnis zum auferstandenen 'Kyrios' verbergen, der zwar als der "Sohn Davids" verehrt wird und die hohen Erwartungen an den künftigen "König Israels" weckt, der aber im Bewusstsein der jungen Christengemeinden die Herrschaft Gottes, die 'basileia theou' bzw. die Himmelsherrschaft, die 'basileia toon ouranoon' begründet. Eine dritte Frage ist, welches Aufsehen diese Demonstration für Jesus erregte, nicht nur auf der Straße, sondern bei den politisch und religiös Verantwortlichen, die ihm bereits nach dem Leben trachteten.

Widersprüchlich erscheint jedenfalls, dass eine andere Volksmenge wenig später den Ruf nach der Todesstrafe für Jesus skandiert - kaum vorstellbar, dass dies dieselben Leute gewesen sind, die ihn zuvor verehrt hatten, indem sie ihre Kleider vor ihm ausbreiteten und Palmzweige von den Bäumen rissen. Hat diese Demonstration möglicherweise dazu beigetragen, den unliebsamen Volkslehrer möglichst rasch zu beseitigen, bevor die Zahl der Sympathisanten größer und damit nicht mehr kontrollierbar würde? Und schließlich: haben wir es bei den Demonstranten in Jerusalem möglicherweise mit denselben Leuten zu tun, die wenige Wochen nach der Kreuzigung am Schawuotfest (Pfingsten) beschließen, mit ihrem Glauben an den lebendigen Christus nicht mehr „hinter dem Berg zu halten", sondern ihn „in alle Welt" zu tragen?

Wer nach Jesus und seiner Bedeutung fragt, bekommt es notwendig mit dem Geheimnis der Auferstehung zu tun. In der christlichen Theologie herrscht weitgehend Einigkeit darüber, dass der Glaube an die Auferstehung den Anfang der Ausbreitung des Christentums darstellt. Diese Botschaft sollen die Frauen, die „den Leichnam des Herrn Jesus" nicht vorfinden, „seinen Jüngern" weiter sagen. Dabei werden sie mit der Frage konfrontiert: „Was sucht ihr den Lebenden bei den Toten?" Klar ist, dass die Auferstehung als Vorgang oder Ereignis in den Evangelien nicht beschrieben wird. Es wird nur festgestellt - wie das ja auch Paulus mit Nachdruck getan hatte - dass Christus

(!) von den Toten auferstanden ist, und dies eben gerade nichts mit der physischen Wiederbelebung eines Verstorbenen zu tun hat.

So ist auch die Rede vom „leeren Grab“ irreführend, weil sie die Beseitigung des Leichnams von Jesus und damit die leibhaftige Auferstehung unterstellt. Zudem wurde nach dem Zeugnis der Evangelien Jesus nicht in der irrtümlich als 'Grab' bezeichneten Steinhöhle beigesetzt, sondern dort nur solange aufbewahrt, bis die Frauen am übernächsten Morgen kommen, um ihn für das Begräbnis vorzubereiten. Entsprechend der apostolischen Verheißung, dass auch wir „mit Christus in einem neuen Leben wandeln“, bekennt die Christenheit im dritten Artikel des Glaubensbekenntnisses nach der Vergebung der Sünden „die Auferstehung der Toten und das ewige Leben“. Insofern besteht grundsätzlich kein Unterschied zwischen der Auferstehung von Christus („dem Erstling derer, die schlafen“) und unserer eigenen, im Glauben verankerten und durch die Taufe zeichenhaft vorweggenommenen Auferstehung. Nur so ist es sinnvoll, an einem offenen Grab die Hoffnung auf die Auferstehung und das ewige Leben zu verkündigen.

Aus den Texten der Evangelien ergibt sich aber noch ein weiteres Bild von Jesus. Es wird dort immer wieder gesagt, dass er als Rabbi anders predigte und lehrte, als es die Menschen seiner Zeit von anderen Schriftgelehrten gewohnt waren. Jesus muss seine Zuhörer dadurch beeindruckt haben, dass er „mit Vollmacht“ redete, also glaubhaft und echt. Die Menschen spürten offenbar, dass er nicht in erster Linie die Interessen seiner Dienstgeber vertrat, sondern die Anliegen derer aufnahm, die zu ihm kamen. Jesus hatte die Menschen im Blick, zu denen er sprach und denen er sehr persönlich begegnete, gleichsam „unter vier Augen“. Diese Menschenfreundlichkeit war es, welche die Zuhörer an diesem Rabbi erlebten, durch die sie die Worte des Gesetzes und der Propheten neu verstehen lernten und sie als hilfreich für ihre eigene Lebenswirklichkeit erfuhren. Das Gesetz hatte dem Menschen zu dienen, nicht umgekehrt. So wurde auch die Gegenwart Gottes in Person dieses Glaubenslehrers nicht mehr als bedrohlich empfunden, sondern als förderlich für das persönliche und gemeinschaftliche Leben.

In den Augen der politischen und religiösen Autoritäten bedeutete dies den Verlust ihrer Macht und ihres Einflusses, dem sie nicht tatenlos zusehen wollten. Es war im Kern ein Konflikt zwischen gefordertem Gehorsam und selbst verantworteter Freiheit im Umgang mit der verordneten Lehre. Und doch sagte Jesus, er sei nicht gekommen, das Gesetz aufzulösen, sondern es zu erfüllen. Dem Gesetz Gottes gerecht zu werden heißt aber, den Willen Gottes zu tun, und dieser Wille Gottes bestand nach der Auffassung von Jesus nicht darin, die Menschen klein zu halten, sie zu bevormunden, sondern in ihnen das Vertrauen auf Gottes Gerechtigkeit und Liebe zu stärken.

Die Menschen entdeckten im Auftreten des Rabbi aus Nazareth, in seinem Reden und Handeln die Wirklichkeit und Nähe des barmherzigen Gottes: „Wer mich sieht, der sieht den Vater“ (Joh. 14,9). Das ist das tiefe Geheimnis der Gottessohnschaft von Jesus, die sich überträgt auf die allgemeine Gotteskindschaft derer, die sich zu Gott als ihrem „Vater“ und damit zum Ursprung und Ziel ihres Lebens bekennen.

Das Rätsel von Bethlehem

Die Geburtstexte von Lukas und Matthäus

Was wäre Weihnachten ohne den Evangelisten Lukas, der uns die Geschichte von der Geburt des Jesus von Nazareth vor knapp zweitausend Jahren aufgeschrieben hat? Hätten wir nur den Text des Evangelisten Matthäus, dann wüssten wir zwar etwas über die drei Weisen aus dem Morgenland, die nach dem neugeborenen König Israels suchen, und über die grausame Tötung vieler kleiner Buben durch den König Herodes, wir hätten aber keinen Stall und keine Hirten, denen der Engel Gottes die Botschaft von der Geburt des Gottessohnes verkündigt. Und wir hätten keine Krippe, in die Maria ihr Kind legt.

Lukas also beschert uns die so vertraute und kaum hinterfragte „Weihnachtsgeschichte", in der sich ein gewisser Joseph aus Nazareth in Galiläa mit seiner schwangeren Frau Maria aufmacht nach Bethlehem, der Stadt Davids, um sich dort als Steuerzahler des Römischen Reiches registrieren zu lassen. Warum nimmt er die für seine Frau sicherlich beschwerliche Reise nach Bethlehem auf sich? Die Evangelisten Matthäus und Lukas wussten wohl von der Prophezeiung des Micha, der lange Zeit zuvor geschrieben hatte, dass eben aus diesem kleinen Städtchen in Juda der Retter Israels kommen sollte (Kap.5,1). Aber es erscheint doch merkwürdig, dass dieser Joseph aus dem Haus und Geschlecht Davids kommen soll. Immerhin lebte der berühmte König und Gründer des Staates Israel rund tausend Jahre vorher, und es ist nicht anzunehmen, dass Joseph über einen ausgewiesenen royalen Stammbaum verfügte, zumal er als einfacher Handwerker in Nazareth lebte.

Matthäus und Lukas ordnen sich mit ihrer Geschichte, jeweils auf verschiedene Weise, ein in die Heilsgeschichte Israels, indem sie den Christen ihrer Zeit (um 70 n. Chr.) erklären, wer dieser Jesus war, zu dem sie sich als dem gekreuzigten und auferstandenen Herrn bekennen. Auf seinen Namen lassen sie sich taufen und feiern zu seinem Gedächtnis das Herrenmahl. Was diese frühen Christen in Kleinasien und Griechenland bis hinüber nach Rom interessiert, sind möglichst verlässliche Berichte und Erzählungen darüber, warum gerade dieser Mann aus Nazareth der „Sohn Gottes", der erwählte „Messias" (= Christus) ist, was er gelehrt und getan hat und warum er hingerichtet wurde.

Alles dies hatten sie von den ersten Aposteln, insbesondere von Paulus, nicht erfahren. So gibt es in den Apostelbriefen auch keinen vergleichbaren Hinweis auf die Geburt von Jesus. Lukas hilft hier weiter. Am Anfang seines Evangeliums nennt er das Motiv für die Abfassung seines Textes: „damit du, lieber ‚Gottesfreund' (= Christ) den sicheren Grund der Lehre erfahrest, in der du unterrichtet bist." (Lk. 1,4). Es empfiehlt sich, unter diesem Gesichtspunkt einmal die ersten Kapitel des Lukasevangeliums zu lesen und sich in die Lage eines Christen in Thessaloniki oder Korinth, Ephesus oder Rom zu versetzen. Jerusalem und Bethlehem, Nazareth und Kapernaum sind unbekannte Orte, unerreichbar weit weg und ebenso fremd wie die Glaubenswelt des Judentums zur Zeit von Jesus. Das einzig Bekannte ist die immer noch andauernde Herrschaft der römischen Kaiser und ihrer Statthalter.

Nun taucht im Zusammenhang der Geschichte von Bethlehem noch eine weitere, rätselhafte Frage auf: Schon in den frühen Darstellungen der Christgeburt finden sich fast überall zwei Tiere in unmittelbarer Nähe des in einer Krippe liegenden Kindes: ein Ochse und ein Esel, die aber in der so genannten Weihnachtsgeschichte bzw. im vermeintlichen Stall zu Bethlehem nicht erwähnt sind. Bis heute finden diese Tiere so gut wie keine Beachtung, obwohl sie zum festen Bestand der Krippenfiguren gehören. In einen Stall gehören eben Tiere, so lautet häufig die ebenso einfache wie oberflächliche Begründung. Hier bekommen wir einen kleinen Einblick in die Erzählweise des Lukas, die einzigartig im Neuen Testament ist. Er berichtet nicht, wie sich die Geburt von Jesus zugetragen hat - das kann er nicht, denn es war niemand dabei, der es ihm hätte schildern können - sondern er will theologisch verdeutlichen, was dieses „zur Welt Kommen“ des Gottessohnes bedeutet.

Dabei bezieht er sich mehrfach auf den Propheten Jesaja (siehe dort die Kapitel 7, 9 und 11). Das Volk, „das im Finstern wandelt“ und „ein großes Licht“ sieht, sind die Hirten, die „des Nachts“ ihre Herden hüten, und über denen die „Klarheit des Herrn“ aufgeht. Der Engel bringt ihnen die frohe Botschaft, dass „heute für euch der Heiland geboren ist, welcher ist Christus der Herr“. Es ist eine Szene wie im Taufunterricht, wo den Neulingen des Glaubens erklärt wird, dass Christus, der Herr, für sie zur Welt gekommen und auferstanden ist. Was folgt, lässt sich deutlich erkennen: die „Hirten“ wurden hocherfreut, „kehrten wieder um und breiteten das Wort aus, das ihnen von diesem ‚Kinde’ gesagt ward.“ So vollzieht sich nach Lukas die frühchristliche Mission.

Und dann legt, so Lukas, Maria ihren Sohn in eine „Krippe“. Auch hier spielt der Evangelist auf eine wichtige Stelle bei Jesaja an (Kap. 1,3) und übt verdeckt Kritik an den Menschen in Israel, die den Christus, ihren Herrn nicht angenommen haben. „Ein Ochse kennt seinen Herrn und ein Esel die Krippe seines Herrn, aber Israel kennt’s nicht, und mein Volk versteht's nicht." So gibt es jetzt Menschen, die ihren Herrn kennen (das sind die Christen), und die zur „Krippe" kommen, wo sie ihn in Gestalt von Brot und Wein zu essen bekommen. (Vergleiche hierzu das geniale Bild von Sieger Köder: 'Der Heilige Franziskus feiert die Christnacht', Franziskuskapelle in Ellwangen/Jagst. Auf diesem Bild ist die Krippe, um die Menschen verschiedenen Alters stehen und zwischen ihnen ein Ochse und ein Esel, als Abendmahlstisch gemalt, auf dem neben Hostienschale und Weinkelch das aufgeschlagene Weihnachtsevangelium liegt.)

Die Fortsetzung „denn sie hatten sonst keinen Raum in der Herberge" (Lk. 2,7) bekommt, leicht verändert, eine verschärfte Bedeutung: man gab ihnen keinen Raum. Der Evangelist Johannes formuliert dieses Verhalten entsprechend so: „er kam in sein Eigentum, und die Seinen nahmen ihn nicht auf" (Joh. 1,11). Dieses erste Kapitel des Johannesevangeliums wird seit alters her am Christfest im Gottesdienst gelesen! Wenn man so will, ist dieser Text die johanneische „Weihnachtsgeschichte". Und wir lesen dort weiter (v 12): „Wie viele ihn aber aufnahmen, denen gab er Anrecht, Gottes Kinder zu werden, denen, die an seinen Namen glauben, die nicht aus dem Blut noch aus dem Willen des Fleisches noch aus dem Willen eines Mannes, sondern von Gott geboren sind".

Da löst sich fast wie von selbst das Geheimnis der „Jungfrauengeburt". Jesus wurde als wahrer Mensch geboren, und dafür ist, wie bei seinen Geschwistern, sein menschlicher Vater zuständig. Seine Geburt als wahrer „Sohn Gottes" aber ist eine Wirkung des Heiligen Geistes. Dies gilt nun nicht allein für Jesus, sondern für einen jeden Christen, der als „Kind Gottes" durch die Taufe „empfangen ist" durch den Heiligen Geist und deshalb Gott seinen (himmlischen) Vater nennen darf. Wie sagte es vor gut fünfzig Jahren am Heiligen Abend der verehrte Professor der Theologie, Karl Barth, in einer Rundfunkansprache im Gefängnis zu Basel: „Und drum müssen wir an Weihnachten alle Ochsen und Esel werden, damit wir das Geheimnis der Christgeburt verstehen."

„Welche der Geist Gottes treibt, die sind Gottes Kinder" (Römer 8,14)

Über Religion

Grundlage menschlicher Existenz

I Religion im Leben des einzelnen Menschen

Wenn Menschen von Religion sprechen, dann meinen sie damit sowohl etwas Allgemeines als auch etwas ganz Persönliches. Alles Reden von Religion ist geprägt von einem mehr oder weniger eindeutigen Bild von Gott und einer mit Überzeugung vorgetragenen Meinung über diese oder jene Religion, der man selbst angehört oder die man zu kennen glaubt. Beim einzelnen Menschen bildet sich im Laufe seines Lebens - insbesondere in den ersten Lebensjahren - ein bestimmtes Verständnis von Religion und ein persönliches Verhältnis zu Religion und Glauben heraus. Dieses wird hauptsächlich geprägt von der religiösen Erziehung in Familie und Schule, ergänzt durch die Erfahrungen innerhalb der Religionsgemeinschaft, in die er hineingeboren wurde.
Religion ist also zunächst eine Sache der persönlichen Begegnung mit Menschen im nächsten Umfeld. Sie wird vom Kind erfahren im Reden und Tun derer, mit denen es

zusammenlebt und von denen es Inhalte und Rituale wie Gebet und Singen, Feste und gottesdienstliches Feiern mehr oder weniger intensiv lernt. Diese äußeren Erfahrungen verbinden sich im Laufe des Heranwachsens mit der Entwicklung eigenen Empfindens und Nachdenkens über den Sinn des Lebens.

Persönliche Glaubenserfahrung

Die Nachhaltigkeit solcher religiösen Erfahrung kann ganz unterschiedlich ausfallen, je nachdem der Einzelne seinem Alter und seiner Entwicklung entsprechend sich an Vorbildern orientieren kann, die ihm in ihrem Verhalten glaubwürdig erscheinen. Erlebt das Kind die religiöse Praxis nur als Gewohnheit, der es gehorsam Folge zu leisten hat, wird es schnell die Lust daran verlieren und sich an anderen Leitbildern orientieren. Entscheidend ist, ob sich die Erlebnisse im Alltag und im Zusammenleben mit vertrauten und fremden Menschen mit den eigenen religiösen Erfahrungen so verbinden, dass sich daraus mit der Zeit eine persönliche Glaubenserfahrung entwickelt. Diese wird zunächst nicht bewusst reflektiert, muss sich aber immer mehr im Kontext anderer Einflüsse behaupten. Dazu zählen etwa die Auseinandersetzung mit anderen Meinungen, positive oder negative Erfahrungen mit anderen Menschen sowie Begegnungen mit nicht vorhersehbaren Ereignissen wie Krankheit oder der Verlust eines geliebten Menschen.

Solche Verunsicherungen und Krisen zu bestehen ist für den Einzelnen am ehesten dann möglich, wenn sich schon sehr früh ein festes Vertrauen entwickelt sowohl zu den am nächsten stehenden Bezugspersonen als auch zu sich selbst. Geborgenheit und Zuwendung, Verständnis und Liebe sind die wichtigsten Elemente eines solchen „Urvertrauens“, das einem gesunden Gottvertrauen entspricht. Glaube setzt solches Vertrauen voraus.

II Religion im Leben der Gesellschaft

Es gibt keine menschliche Gesellschaft ohne Religion. Ein Blick in die viel tausendjährige Geschichte der Menschheit bestätigt dies sehr deutlich. Ob es nun Bestattungsriten waren oder rätselhafte Steinmale, frühe Kultstätten oder Tempelanlagen, überall auf der Welt begegnen uns bis in die Gegenwart unzählige Zeugnisse religiösen Lebens. Dazu gehören auch die in großer Vielfalt überlieferten heiligen Schriften, Bilder und Symbole sowie jahrhundertealte religiöse Traditionen, zu denen Musik und Tanz, Gesang und Rituale ebenso gehören wie Ordnungen und Regeln, die das Leben der Menschen in ihrer jeweiligen Gesellschaft auf besondere Weise bestimmen. Man kann sagen, dass Religion die wohl am stärksten prägende Kraft menschlichen Zusammenlebens darstellt. Geburt und Tod, Freude und Leid, Naturereignisse und existentielle Bedrohungen wurden im Zusammenhang mit übermenschlichen Kräften und Mächten gesehen, mit denen sich die Menschen auseinandersetzen mussten. So waren etwa in der Antike die verehrten Gottheiten für sämtliche irdischen Belange zuständig, von der Fruchtbarkeit über die Schönheit bis hin zu Seefahrt und Krieg.

Die gefühlte Abhängigkeit von den “Himmlischen“ erzeugte eine Vielzahl von gesellschaftlichen Aktivitäten. Spektakuläre Opferfeste bildeten den öffentlichen Kontrast zur privaten Frömmigkeit, die in der Familie gelebt wurde. Dies hat sich im Grunde bis in die Gegenwart hinein erhalten, auch wenn sich formal und inhaltlich vieles im Laufe der Religionsgeschichte verändert hat.

Gemeinschaft und Solidarität

Religion ist in ihrer Grundstruktur auf Gemeinschaft angelegt. Die Anbindung (religio) an einen oder mehrere Götter wird in der Gemeinschaft erst richtig erfahrbar und bekommt von daher ihre individuelle Bedeutung. Der Einzelne erfährt durch die Einbindung in ein soziales Gefüge sowohl Solidarität als auch Verantwortung für das Gemeinwohl. Die Gemeinsamkeit im Glauben und der Respekt vor der göttlichen Autorität sind untrennbar mit den äußeren Lebensvollzügen verbunden. So gehört zur Ausübung von Religion nicht nur die Hinwendung zu Gott, sondern, daraus resultierend, in gleichem Maße auch die Fürsorge für die Mitmenschen. Bis auf wenige Ausnahmen, bei denen sich Einzelpersonen mit ihrer individuellen religiösen Praxis der Gemeinschaft entzogen haben, ist Religion stets eine Gemeinschaft stiftende und vom Einzelnen erlebte Wirklichkeit, die seinem eigenen Dasein letztlich Sinn verleiht. Daran ändert grundsätzlich auch die Tatsache nichts, dass in der heutigen Zeit viele Menschen diese soziale Funktion von Religion und Glauben nicht mehr wahrnehmen oder als Wert erkennen. Gleichwohl findet etwa im Bereich der christlichen Kirchen deren soziales Engagement und die damit verbundenen Hilfseinrichtungen und Verbände immer noch die meiste Anerkennung. In wieweit aber diese Aktivitäten aus dem gemeinsam gelebten Glauben entspringen und zu einer Solidarität mit den Armen und Schwachen führen, bleibt zumeist unbekannt.

III Religion in Kultur und Politik

Die gesellschaftliche Bedeutung von Religion findet ihren besonderen Ausdruck in den Bereichen der Kultur und der Politik. Neben religiösen Traditionen, wie sie z.B. an jährlich wiederkehrenden Festen oder bei wichtigen Stationen im Lebenslauf gepflegt werden, spielt die religiöse Bildung und Erziehung eine zentrale Rolle. Im bewussten und unbewussten Lernen sollen vor allem die Kinder in diese Traditionen hineinwachsen, um sie für sich zu übernehmen und später eigenständig zu praktizieren.

Kulturell prägend ist Religion darüber hinaus in den Bereichen der Sprache und Dichtung, der Musik und der Kunst. Die Entwicklung der Wissenschaften, aber auch der Landwirtschaft und Technik ist in Europa und in anderen Teilen der Welt ohne die aus den Religionen kommenden Anstöße nicht denkbar. Als Beispiel seien die Klöster genannt, die sich im Laufe der Jahrhunderte zu Zentren des geistigen und kulturellen Lebens entwickelten. In oftmals engem Zusammenhang damit stehen die Verbindungen zwischen religiösen und politischen Autoritäten, die unter sich die Herrschaft aufteilten und so praktisch zu alleinigen Herrschern über Länder und Völker wurden.

Hintergrund solcher Machtstrukturen war die Vorstellung, dass der Mensch als Ebenbild Gottes dazu ausersehen ist, gleichsam als Stellvertreter Gottes dessen Willen und Macht auf Erden umzusetzen. Dies galt selbstverständlich nur für auserwählte, aus der breiten Masse herausragende Persönlichkeiten, die durch Herkunft und Vermögen, aber auch durch Bildung und Können für solche Aufgaben geeignet erschienen. Nicht selten vereinigte ein Herrscher menschliche und göttliche Macht in sich, war also König und Gott in einer Person, wie wir es von den ägyptischen Pharaonen oder aus den chinesischen oder japanischen Kaiserdynastien kennen. Die europäischen Könige und Kaiser „von Gottes Gnaden" lassen nur noch ansatzweise etwas von diesem umfassenden Machtanspruch ahnen, haben sich aber dennoch gerne mit diesem überirdischen Nimbus und den dazu gehörenden Insignien schmücken und verehren lassen.

Ein Blick in die Gegenwart zeigt, dass Religion und Politik in einem bisweilen schwierigen Spannungsfeld agieren, in dem die Fanatisierung der Religion zu Gewalt und Unmenschlichkeit führt. In den westlichen Demokratien haben Politik und Religion gelernt, als Partner zusammenzuarbeiten. Sie verwalten ihre jeweils eigenen Aufgabenfelder und sind bestrebt, gemeinsam ihrer Verantwortung für Staat und Gesellschaft gerecht zu werden. Damit entsprechen sie dem heutigen Bild vom Menschen, der in freier Verantwortung für sich und seine Umwelt zugleich homo politicus und religiosus, politischer und religiöser Mensch ist.

Doch es ist auch hierzulande noch gar nicht so lange her, dass der Staat sich der Religion als Mittel zur Durchsetzung seiner Interessen bedient hat. Die Kirchen im Deutschen Reich waren lange Zeit willige Diener der Obrigkeit und übernahmen weitgehend kritiklos deren Strukturen. In der Diktatur des Dritten Reiches schließlich gelang es den Kirchen nur teilweise, sich dem ideologischen Druck und den zerstörerischen Absichten der Machthaber zu entziehen. Es bedurfte des Mutes und der Glaubensstärke vieler bekennender Christen, diese unheilvollen Zeiten zu überstehen und einen Neuanfang zu wagen.

Religiöse Sprache und Kunst

Ein besonderes Augenmerk verdienen religiöse Sprache und Kunst, da sie auf ganz unmittelbare Weise die Menschen im wahrsten Sinne anzusprechen und zu berühren vermögen. Sprache als gebräuchlichstes Kommunikationsmittel dient sowohl der Verständigung unter den Menschen als auch, in der Form des Gebets, der Hinwendung des Menschen zu Gott. Andererseits haben Menschen seit Jahrtausenden den Anspruch Gottes an den Menschen in geschriebene Sprache gefasst und so etwas geschaffen, was wir als „Wort Gottes" bezeichnen. In diesen vielfältig überlieferten Heiligen Schriften mischen sich menschliche Ausdrucksweise und göttliche Offenbarung, wobei der Anteil des göttlichen Wirkens am Zustandekommen solcher Schriften nach Auffassung vieler gläubiger Menschen den der menschlichen Mitwirkung bei weitem übertrifft.

Bei alldem kann wohl kaum bestritten werden, dass es sich z. B. bei den Texten des Alten und Neuen Testaments um schriftliche Zeugnisse historisch gewachsener religiöser Anschauungen handelt, die ihrerseits nicht ohne den Bezug zu ihrer jeweiligen geschichtlichen Situation gesehen und verstanden werden können. Dies tut dem Anspruch, göttliche Offenbarung und Weisung an den Menschen zu sein, keinen Abbruch. Die Auseinandersetzung mit religiösen Texten und ihrer Überlieferungsgeschichte ist eines der wichtigsten Themen der Theologie in den so genannten Schriftreligionen, zu denen neben dem Judentum und dem Christentum auch der Islam gehört.

Unabhängig von der Sprache ist die Kunst eine bedeutende Ausdrucksform religiöser Inhalte und Gefühle. So haben Glaubensinhalte und kultische Praxis schon lange vor den ersten schriftlichen Zeugnissen in rituellen Tänzen und Gesängen, Wandmalereien und sakralen Bauwerken ihren Niederschlag gefunden. Kultische Gegenstände, Götterfiguren und Bilder haben wesentlichen Anteil an der „praxis pietatis“, der ausgeübten und gelebten Frömmigkeit. In allen Religionen spielt die Herstellung und Betrachtung religiöser Kunstwerke eine wichtige Rolle, ebenso wie die reichen Formen religiöser Musik, die ihrerseits die Entwicklung von Musikinstrumenten und Klangformen, auch im weltlichen Bereich, beeinflusst haben.

Jede künstlerische Gestaltung entspringt den freien, schöpferischen Möglichkeiten, die von Menschen der unterschiedlichsten Kulturepochen genutzt und umgesetzt wurden. Man sagt, dass dieser kreativen Fähigkeit des Menschen eine göttliche Kraft innewohnt, die dem Wesen Gottes als Schöpfer der Welt und des Lebens entspricht. Kaum etwas vermag unser Empfinden so unmittelbar zu berühren wie der Klang der Töne oder das Farbenspiel der Natur, das uns staunen und ehrfürchtig verharren lässt. Alle Ausdrucksformen der Kunst, seien es Malerei oder Musik, plastische Gestaltung oder Bauwerke, Dichtung oder Erzählung, haben in den Religionen der Welt ihren festen Platz und erfüllen unverzichtbare Aufgaben bei der Wahrnehmung des Göttlichen durch den Menschen.

Glauben

Ein Sprachproblem

Im Zentrum aller theologischen Reflexion und Diskussion steht das Wort 'glauben'. Dabei unterscheidet man das Substantiv 'Glaube' von dem Verb 'glauben'. Man gebraucht ‚Glaube' zumeist in der Verbindung mit Gott, also der Glaube „an Gott", aber auch „an höhere Mächte" oder gar „an den Teufel". Ein fester Glaube steht dem Unglauben oder dem Zweifel gegenüber. Weltlich spricht man vom Glauben „an die Liebe" und „an die Menschlichkeit", vom Glauben „an die Zukunft" oder „an die Macht des Geldes". An was wird nicht alles geglaubt oder nicht geglaubt!

Die am meisten gestellte Frage aber heißt: „Glaubst du an Gott?", dicht gefolgt von „Glaubst du an die Bibel, an die Kirche?", oder einfach „Woran glaubst du?". Davon zu unterscheiden ist ein anderer Sprachgebrauch: „Wem glauben wir?", oder „Was glaubst du?". Und schon haben wir die Bedeutung des Wortes fast unbemerkt gewechselt. Jetzt glauben wir nicht mehr „an", sondern „jemandem" oder „etwas", d.h., wir sind der festen Meinung oder Überzeugung, dass etwas so oder so ist oder sein wird.

Ein einfaches Beispiel soll das verdeutlichen. Wir fragen: „Glaubst du, dass es heute noch regnet?", und antworten mit dem Blick aus dem Fenster: „Ich glaube, schon" oder „Ich glaube, nicht". Das Verb 'glauben' heißt hier so viel wie 'denken', 'eine bestimmte Meinung vertreten' (vgl. das englische „I think so"). Wir glauben also etwas, weil wir der Meinung sind, dass es sich so verhält. Der Gegenstand unseres Glaubens ist in aller Regel vorhanden und nachprüfbar. Allerdings können wir uns auch täuschen, denn wenn es nicht regnet, dann haben wir uns eben geirrt. Wir dachten, es könnte unserer Meinung nach regnen, aber es kam dann doch anders, als wir dachten bzw. als wir „glaubten".

Wir haben im Deutschen eben nur dieses eine Wort „glauben" für zwei völlig verschiedene Bedeutungen, im Unterschied zum Englischen, wo es neben „to think" noch „to believe" gibt (Beispiel: „I believe in angel"). Andererseits gibt es auch noch das Wort „faith", was 'Glaube' im Sinn von 'Vertrauen' bedeutet. Und da kommen wir der religiösen Bedeutung von 'glauben' schon näher. „Ich glaube an Gott" heißt jetzt: ich vertraue auf Gott, ich setze auf ihn meine Hoffnung und meine Zuversicht. Es heißt eben nicht: Ich glaube, dass es da einen Mann mit weißem Bart gibt, den man 'Gott' nennt, aber weil ich ihn noch nicht gesehen habe und niemand mir beweisen kann, dass es ihn auch wirklich gibt, glaube ich lieber doch nicht an ihn. Wir machen in diesem Fall unser 'Glauben' von der verstandesmäßigen Entscheidung abhängig, ob es unserer Meinung nach Gott gibt oder nicht. Das hätte dann zur Konsequenz, dass wir nur noch das glauben, was wir sehen bzw., was wir für 'wahr' halten, d.h., was uns einleuchtet und was bewiesen werden kann.

Aber genau das hat mit 'glauben' im religiösen, im christlichen Sinn überhaupt nichts zu tun. Martin Luther sagt es eindrucksvoll in der Erklärung zum ersten Glaubensartikel, in dem es ja heißt: „Ich glaube an Gott, den Vater, den Allmächtigen, den Schöpfer des Himmels und der Erde". Luther bekennt: „Ich glaube, dass mich Gott geschaffen hat, samt allen Kreaturen...". Wichtig ist nicht, wer oder wo Gott unserer Meinung nach ist und wie er vielleicht aussehen könnte. Entscheidend für Luther ist, was Gott für ihn, für uns tut oder getan hat, nämlich, dass er der Schöpfer unseres Lebens und allen Lebens ist inmitten dieser Welt, die aus 'Himmel und Erde' besteht.

Aber hier tut sich ein neues Problemfeld auf. Woran merken wir, dass Gott etwas tut und dass er es ausgerechnet für uns tut? Geschieht nicht alles auf dieser Welt gleichsam von selbst, aus sich heraus? Ist diese Welt, der ganze Kosmos in seiner unerforschlichen Weite und Unendlichkeit, nicht einfach da, seit Jahrmillionen oder noch länger? Was hat Gott damit zu tun? Und wie sollen wir uns Gott und sein Tun vorstellen angesichts dieser unfassbaren Zeiten und Räume?

Es wird viel von der Schöpfung Gottes geredet, insbesondere aufgrund der beiden bekannten Schöpfungstexte am Anfang des Alten Testaments. Sehen wir einmal von der inhaltlichen Verschiedenheit dieser Texte und von ihrer zeitgeschichtlichen Einbindung ab, so ergibt sich ein überschaubares Bild, das beide Verfasser unabhängig voneinander entwerfen. Diese in sich geschlossenen Bilder von der Welt und vom Menschen haben wir Christen vom Judentum übernommen, und dies, wie ich meine, ziemlich kritiklos, und es hat einige Zeit gedauert, bis wir gelernt haben, den Sinn dieser Bilder zu verstehen.

Einige in der Christenheit haben es bis heute nicht verstanden und tun immer noch so, als seien die Schöpfungstexte in Genesis 1 und 2 naturgetreue Wiedergaben dessen, was sich zu Zeiten der Erschaffung der Welt und des Menschen vor sehr, sehr langer Zeit, eben „am Anfang“ zugetragen hat. Und damit sind wir wieder beim Glauben. Glauben heißt in den Augen der, wie sie sich selbst nennen, „bibeltreuen Christen“ oder Fundamentalisten, dass die Schöpfung Gottes sich genau so ereignet hat, wie es die Bibel berichtet. Ja, „die Bibel“, und nicht deren Verfasser! Die sind als historische und theologische Größen gar nicht im Blick und spielen auch keine Rolle, denn sie sind nur die vom Geist Gottes gelenkten und inspirierten „Schreibgriffelhalter“ - eine andere Funktion mag man ihnen gar nicht zubilligen. Dass es sich bei den Verfassern biblischer Texte allgemein um Menschen handelt, die in ihrer Zeit und aus ihrem Glauben und theologischen Verständnis heraus gehandelt haben, wird tunlichst unterschlagen oder verdrängt. Es muss also prinzipiell darum gehen, den Offenbarungsgehalt der Bibel an dem zu messen, was die Menschen des Alten und Neuen Testaments zu ihrer Zeit über Gott und sein Handeln an und mit den Menschen sagen wollten.

Dabei spielt die jeweilige Situation, in der dies geschah, eine nicht unwesentliche Rolle. Seien es im Volk Israel die Zeiten der Königsmacht oder der Zerstörung und Verbannung, seien es die Zeugnisse der Urgemeinde und der Apostel zur Zeit der ersten Christen in Jerusalem und danach in den überwiegend von griechisch sprechenden Nicht-Juden bewohnten Gebieten des Mittelmeerraumes. Glauben, so können wir feststellen, ist ein Geschehen, ein Prozess, der sich seit Jahrtausenden ereignet unter Menschen, die auf ihre eigene Weise, aber gleichzeitig im Rahmen der ihnen anvertrauten Traditionen ihr Verhältnis zu Gott und zu ihren Mitmenschen ausleben und darstellen. Israel spricht in diesem Sinne vom „Bund Gottes mit seinem Volk“, die Christen bekennen sich zu Jesus von Nazareth als dem „Sohn Gottes“. In ihm ist Gott selbst unter uns gegenwärtig, und er nimmt uns in diese enge und sehr persönliche Beziehung hinein, wie sie Kinder zu ihrem Vater und zu ihrer Mutter haben.

Von hier aus ist es noch ein weiter Weg durch die gut zweitausendjährige Geschichte der christlichen Theologie, und wir kommen in Berührung mit der Bedeutung und Funktion von Kirche. In dieser Geschichte des Glaubens ging und geht es immer auch um die Frage der Lehrautorität, d.h., wer denn eigentlich bestimmt, was rechter

Glaube sei. Grundsatz aller Bemühungen um diesen „wahren“ Glauben sollte sein, dass der einzelne Mensch in seinem persönlichen Glauben Vorrang genießt vor jeder auch noch so konsensfähigen kirchlichen Lehre. Andererseits ist der einzelne angewiesen auf ein Gerüst, einen Leitfaden, der ihm in der „Gemeinschaft der Heiligen“ Halt und Orientierung gibt für sein eigenes Glaubensleben.

Der Mangel an Wissen über Glauben und Kirche

Erkenntnisse aus vierzig Jahren Religionsunterricht

Die im Folgenden dargestellten Überlegungen basieren auf jahrzehntelangen Erfahrungen im Religionsunterricht an beruflichen Schulen. Danach hat sich offenbar trotz eines großen Angebotes von Unterrichtsmaterialien und Fortbildungsveranstaltungen für Religionslehrer/ innen im Wesentlichen nichts am bisweilen katastrophalen Wissensstand der heranwachsenden Generationen geändert. Ich treffe heute auf dieselben kritischen Fragen, Missverständnisse und oberflächlichen Urteile über Religion, Bibel und Kirche wie vor 40 Jahren, als ich anfing, in der religionspädagogischen Wüste nach Wasser zu suchen. Damals erklärte mir mein erster Schuldekan, es gäbe keinerlei Unterrichtsmaterialien geschweige denn einen Lehrplan, und ich solle doch die Schüler fragen, was sie interessiere, schließlich hätte ich doch Theologie studiert. Dies offenbart schon das ganze Elend, an dem sich, wie gesagt, trotz der Mühen unzähliger Kolleginnen und

Kollegen, Arbeitsgruppen und Lehrplankommissionen, Fortbildungstagungen und Verlagen nicht viel geändert hat. Angesichts solcher Erfahrungen schleicht sich allmählich ein gewisser Frust in die Seele des Religionslehrers, der sich fragt, ob das alles letzten Endes nicht doch „für die Katz“ gewesen sei.

Der Blick auf die allgemeine Situation in Kirche und Gesellschaft scheint dies noch zu bestätigen, denkt man nur einmal an die Alle-Jahre-wieder- Diskussion um Sinn oder Unsinn der Weihnachtsgeschenke oder die Kirchensteuer, wegen der man geneigt sei, aus der Kirche auszutreten. Kommen dann noch die Missbrauchsfälle und das Kondomverbot, der unverständliche Zwang zur Ehelosigkeit der Priester und die von vielen belächelte Jungfräulichkeit der Maria hinzu, kann man sich den Blick in die Bibel mit ihren zahllosen anderen „Lügengeschichten“ fast sparen. Die Frage nach Gott tritt dabei sowieso meistens in den Hintergrund, weil der Glaube an einen Gott, dessen Existenz man nicht beweisen kann und der ja so viel Unglück zulässt, von vornherein als nicht sehr sinnvoll erscheint. Zudem sind die meisten jungen Menschen - und das haben sie mit ihrer Elterngeneration gemeinsam - viel zu sehr beschäftigt mit Schule, Beruf, Freizeit und zahlreichen Anschaffungswünschen, für die das nicht allzu üppige Geld nicht ausreicht.

Über die Einflüsse von Medien, Werbung und Gruppenzwängen will ich hier gar nicht reden, weil dies sowieso jeder weiß, der mit offenen Augen durch die Welt geht. Die Mehrzahl der jungen Menschen lebt heute in einem eigenartig entfremdeten Verhältnis zu ihrem Glauben und ihrer Kirche, sofern sie noch dazugehören oder sich dazugehörig fühlen. Kirche und Religion spielen höchstens eine Nebenrolle im Alltag und im Bewusstsein, denn man braucht beides nicht unbedingt, und darum orientiert man sich an seinem persönlichen Umfeld, das für diese Haltung zum Vorbild geworden ist.

Die Antwort eines Berufsschülers auf die Frage, wer denn Jesus sei, ist zwar nicht zu verallgemeinern, zeigt aber doch eine Tendenz auf: „Jesus, das ist der liebe Heiland von meiner Oma“. Gewiss, es gibt auch viele jungen Menschen, die im Bereich der Kirche leben und sich engagieren, sei es in Jugendgruppen oder im Christlichen Verein Junger Menschen, dem CVJM. Dort spielt die Beschäftigung mit Bibel und Glauben eine wichtige Rolle, und die Lebensgestaltung wird von kirchlichen und familiären Traditionen bestimmt. Aber auch dort kommen die meisten über die Strukturen eines theologisch konservativen und bisweilen fast engstirnigen Denkens und Glaubens nicht hinaus, das die eigene Glaubenshaltung für allein wahr und richtig hält und nicht selten anders Denkende in die Nähe des Unglaubens rückt.

Das eben Beschriebene gilt nun beileibe nicht nur für junge Menschen im Bereich von Schule und Berufsausbildung. Die vorhergehenden Generationen waren zwar teilweise noch stärker den kirchlichen Traditionen verpflichtet und in sie eingebunden, haben aber im Unterschied zu heute eine religiöse Bildung erfahren, die in ihren Inhalten wesentlich beschränkt war auf Bibel und Katechismus sowie das Auswendiglernen von Liedversen und Sprüchen. Der oben erwähnte Mangel an neuen Lerninhalten und Methoden zeigt, dass die bisherigen religiösen Themen damals zwar als ungeeignet oder nicht mehr zeitgemäß erschienen, jedoch nicht durch neue und der Zeit angemessene Inhalte ersetzt werden konnten. Dies war Ausdruck einer gewissen Unsicherheit und Ratlosigkeit, der sich Pfarrer, Religionslehrer und Kirchenleitungen ausgesetzt sahen. Man suchte fast krampfhaft nach „modernen“ Themen und fand sie u.a. in Jugendkriminalität,

Drogenproblemen und Sexualität. Der Religionsunterricht passte sich den scheinbaren Bedürfnissen junger Menschen an und versäumte es, deren religiösen Wissenslücken auf den Grund zu gehen.

Eine nicht geringe Rolle bei der schwierigen Situation des Religionsunterrichts spielte zudem die so genannte „Abmeldung aus Glaubens-und Gewissensgründen“, die zumeist als Möglichkeit genutzt wurde, legal Schule zu schwänzen. Die Zahl der Angehörigen anderer Religionen, z. B. des Islam, war noch gering, sodass die meisten Abgemeldeten evangelisch oder katholisch waren, von einigen wenigen Nichtgetauften oder Mitgliedern von Freikirchen oder Sekten einmal abgesehen. So konnte es vorkommen, dass sich ganze Klassen geschlossen abmeldeten, ohne eine einzige Religionsstunde besucht zu haben. Auffallend war dabei, dass die meisten Eltern die Abmeldungen fraglos unterschrieben, was bei Minderjährigen heute noch Pflicht ist.

Die Abmeldung aus Glaubens- und Gewissensgründen steht im Einklang mit der Landesverfassung und dem Grundgesetz, nach dem in der Bundesrepublik Deutschland „Glaubens- und Gewissensfreiheit“ herrscht, folglich niemand gegen seinen Willen und sein Gewissen zum Besuch des staatlichen Religionsunterrichts verpflichtet werden darf. Man ging offensichtlich davon aus, dass die Inhalte des Religionsunterrichts möglicherweise eine Beeinflussung des Glaubens oder der weltanschaulichen Überzeugung darstellen konnten. Dass dies in einem staatlichen Bildungsunterricht gar nicht zulässig war und auch in aller Regel nicht praktiziert wurde, ist den Verantwortlichen der Bildungspolitik vor Jahrzehnten möglicherweise entgangen.

Erst die Einführung des Ersatzfaches „Ethik“, auf das auch die Religionslehrerverbände gedrängt hatten, brachte einen spürbaren Wandel, der sich vor allem dadurch bemerkbar machte, dass die Abmeldungen vom Religionsunterricht deutlich zurückgingen. Eine Abmeldung „aus gewissen Gründen“, wie man spaßhaft sagte, war nicht mehr sinnvoll, weil die Abgemeldeten nun nicht mehr frei hatten, sondern den angebotenen Alternativunterricht besuchen mussten. Mit der Zeit aber entwickelte sich der Ethikunterricht zu einem Sammelbecken für Muslime, die sich wegen ihrer Zugehörigkeit zu einer anderen Religion nicht einmal abmelden mussten.

Fast zeitgleich mit der Einführung des Ethikunterrichts bekam der Religionsunterricht eine neue Qualität. Jetzt saßen auf einmal nicht mehr nur die Schülerinnen und Schüler da, die etwas von Kirche und Glauben hielten und es von zu Hause aus als normal empfanden, in „Reli“ zu gehen, sondern jetzt bekamen es die Religionslehrer/innen mit den jungen Leuten zu tun, die plötzlich keine Glaubens- und Gewissensgründe mehr hatten, diesem Unterricht fern zu bleiben, deren Erwartungshaltung aber ziemlich indifferent war. Ohne Zweifel leisteten auch die mittlerweile differenziert ausgearbeiteten Lehrpläne und zahlreichen Lehrbücher und Unterrichtsmaterialien ihren Beitrag zur Verbesserung des Religionsunterrichts. Hinzu kam die Einsicht, dass man in diesem vormals geschmähten Unterricht durchaus etwas lernen konnte, das sich sogar in akzeptablen Noten bis hin zur Abiturprüfung niederschlagen konnte.

So weit, so gut, wenn, ja wenn nicht nach wie vor sich erhebliche Lücken im Wissen um Religion, Glauben und Kirche auftun würden, die - wie oben erwähnt - von Generation zu Generation sich wiederholend der Grund für immer dieselben Halbwahrheiten und Vorurteile sind. Es hat den

Anschein, als würden wir, was das Wissen um religiöse, biblische und kirchliche Inhalte angeht, auf der Stelle treten. Unkenntnis auf diesen Gebieten behindert nicht nur die Urteilsfähigkeit der Menschen, sondern ebenso eine zukunftsorientierte Entwicklung der Kirchen insgesamt. Es gibt einen unmittelbaren Zusammenhang zwischen Wissensmangel und dem Schrumpfungsprozess der Kirchen. Deshalb lautet ein Leitsatz für den Religionsunterricht: es geht um Kenntnisse, nicht um Bekenntnisse.

Wohl in keinem Schulfach haben Wissenslücken solch gravierende Folgen für die persönliche Lebensführung wie in Religion. Dem, was man weiß oder nicht weiß, entspricht das, was man glaubt oder nicht glaubt. Das fängt schon bei dem Wort „glauben" an. Im Unterschied zum Englischen, wo das rationale „I think so" vom eher emotionalen „I believe" unterschieden wird, benutzen wir im Deutschen die Formulierung „Ich glaube" zumeist im Sinne von „I think so" und beschränken uns damit auf unser eigenes Urteilsvermögen, nach dem wir gemäß unseren Vorstellungen entscheiden, was stimmt oder nicht, was es gibt oder nicht, was sein kann oder nicht. Glauben im Sinne von Vertrauen, sich auf etwas verlassen, auf etwas hoffen, was trägt und Bestand hat im Leben so gut wie im Sterben, das ist dem Denken und Empfinden sehr oft fremd.

Die Frage nach Gott wird demnach in erster Linie unter dem Gesichtspunkt diskutiert, ob es Gott gibt oder nicht. Hinzu kommt die Frage, ob das, was Gott tut, dem Menschen nützt oder schadet, anders gesagt, wofür Gott verantwortlich gemacht wird. Gemessen an biblischen Aussagen über Gott hat sich hier eine säkulare Meta-Theologie festgesetzt, die von einem dem Menschen ähnlichen

Gottesbild ausgeht, das den doch recht primitiven Vorstellungen von einem „Gott im Himmel“ entspricht, der im Grunde macht, was er will. Von Karl Rahner, dem bekannten katholischen Theologen, wird der Satz überliefert: „Gott sei Dank gibt es den Gott nicht, an den 75% aller Katholiken glauben“. Dies gilt sicher nicht nur für katholische, sondern ebenso für evangelische Christen, und es zeigt deutlich, wie sich die Gottesfrage von der eigentlichen christlichen Theologie entfernt hat. Dies ist wohl das schmerzlichste Defizit im Wissen um Glauben und Kirche. Dabei ist zu fragen, woher dieses Defizit eigentlich kommt, wer oder was die Fülle von Vorurteilen und Halbwahrheiten verursacht hat, die sich hartnäckig halten und dem Ganzen der Kirche unübersehbar und dauerhaft schaden.

Nun gibt es aber nicht nur den Religionsunterricht oder Konfirmandenunterricht, in dem tausende von theologisch und pädagogisch geschulte Fachkräfte sich Jahr für Jahr abmühen, den jungen Menschen etwas Vernünftiges beizubringen. Wenngleich diese religionspädagogische Arbeit nicht gering geschätzt werden darf, so ist doch die Meinung weit verbreitet, dass die meisten Jugendlichen sich um der Geschenke willen konfirmieren oder firmen lassen, um danach der Kirche und dem Glauben für lange Zeit den Rücken zu kehren. Es wäre dann aber der Glaube nicht „firmiert“, also befestigt, sondern eher geschwächt und bedeutungslos. Der Religionsunterricht als Pflichtfach in den allgemein bildenden und beruflichen Schulen stellt die Fortsetzung der kirchlichen Bildungsarbeit dar, und auf den Lehrkräften liegt eine besondere Verantwortung, die aber in der Regel von den Mitarbeitern in den Gemeinden nicht oder nur marginal wahrgenommen wird.

Als Pfarrer im Schuldienst wurde ich selbst oftmals fast mitleidig gefragt, ob ich denn keine richtige Gemeinde hätte. Meine Antwort, dass die vielen Schüler meine 'Gemeinde' seien, die ich jede Woche vor mir habe, erzeugte immer wieder Unverständnis, das in der Frage gipfelte, wozu es denn in der Berufsschule noch Religionsunterricht gebe. Die jungen Menschen bereiteten sich doch auf ihren Beruf vor, und dazu könne die Religion sicher nicht viel beitragen. Dahinter steckt nun auch wieder die oberflächliche Ansicht, dass es sich bei Religion und Glauben nur um persönliche und recht private Ansichten handelt, die im allgemeinen, öffentlichen Leben keine Rolle spielen, zumal doch jeder „nach seiner façon selig werden soll", wie es seit den Tagen der Aufklärung so schön und einfach heißt. Überhaupt haben sich solche scheinbar liberalen Zitate besser in den Köpfen vieler Leute festgesetzt als Gesangbuchverse oder Psalmworte.

Dies schafft die Brücke zum Umgang mit biblischen Texten und Bildern, die, vom Religionsunterricht ausgehend, einen gewissen Grundbestand an „zweifelhaften" Wahrheiten bilden, ohne jemals genauer hinterfragt worden zu sein. Bekannte „Geschichten" aus dem Alten oder Neuen Testament werden mit schöner Regelmäßigkeit dargestellt als Beispiele biblischer „Wahrheit", obwohl vieles für jugendliche Ohren ziemlich fragwürdig erscheint. Dabei geht es meist nur um die einzelne Geschichte, weniger um den historischen und überlieferungsgeschichtlichen Hintergrund der Bibel allgemein, der weitgehend unbekannt ist und nur selten vermittelt wird. Kaum jemand macht sich die zeitlichen Dimensionen und kulturellen Rahmenbedingungen der Entstehung biblischer Texte klar, und deshalb fällt es auch schwer, die Inhalte aus ihrer Zeit heraus zu verstehen. Hinzu kommt, dass die wenigsten schon einmal etwas vom doppelten Wahrheitsbegriff gehört haben. Danach ist eine Geschichte nicht nur dann ‚wahr', wenn man nachweisen kann, dass sie sich so ereignet hat, sondern auch und gerade dann, wenn das, was sie vermittelt, ‚wahr' ist. Es ist der Unterschied zwischen Faktenwahrheit und Aussagewahrheit, der nicht beachtet wird und so allzu leicht zu Missverständnissen und Fehlurteilen führt.

Einschlägige Beispiele sind die beiden Schöpfungstexte, die in der Regel unzulässig miteinander vermischt werden, obwohl sie rund fünfhundert Jahre auseinander liegen, und Mose, der das Wasser mit seinem Stab teilte. Hier wird außer Acht gelassen, dass es sich nur um einen Teil der aus drei Überlieferungen zusammengesetzten Geschichte von der Errettung am Schilfmeer handelt. Große Probleme bereitet nach wie vor die Geschichte von Adam und Eva, bei der sich hartnäckig die Ansicht hält, dass es angeblich die ersten Menschen waren, obwohl diese Geschichte das gar nicht hergibt. Im Neuen Testament sind es vor allem die so genannten Wundergeschichten, die zum Widerspruch reizen, sowie die Behauptung, Maria sei eine Jungfrau gewesen, was sich sprachlich zwar vom Alten Testament herleitet, aber im Vergleich der Evangelien (Joh.1) eben gerade keine biologisch-sexuelle Angelegenheit ist, sondern eine theologische Aussage über das Wirken des Geistes Gottes, bei der die Gottessohnschaft von Jesus zum Vorbild für alle „Kinder Gottes" wird.

In diesem Zusammenhang ist es wichtig, die Person des Jesus von Nazareth etwas genauer zu beschreiben, seinen Werdegang bis zum Rabbi, der durch seine Art zu lehren und seinen Umgang mit den Menschen seiner Zeit mit den religiös-politischen Autoritäten derart in Konflikt geriet, dass sie überlegten, wie sie ihn „mit List griffen und töteten“. Es sind nicht nur die anscheinend unglaubwürdigen Geschichten, die nicht verstanden werden, sondern es ist der gesamte Ablauf der Entstehung des Christentums aus dem Judentum heraus. Eine einfache Übersicht über die ersten hundert Jahre nach dem Kreuzestod von Jesus hilft hier entscheidend weiter. Besonders interessant und neu ist für viele jungen Menschen, wie und warum vor allen „Geschichten von Jesus“ der Glaube an ihn als den Gekreuzigten und Auferstandenen Verbreitung fand, und dies weit weg von Jerusalem und dem Kernland des Judentums.

Die Missionsreisen des Paulus und anderer Apostel sind weitgehend unbekannt und damit auch der Umstand, dass als Folge der Apostelpredigt in Kleinasien und Griechenland bis hinüber nach Rom sich tausende von Menschen taufen ließen, das Herrenmahl feierten und so zu christlichen Gemeinden wurden, die stark genug waren, selbst blutige Verfolgungen durch den römischen Staat über drei Jahrhunderte zu überstehen. Bedenkt man, dass die Mehrzahl dieser Menschen aus der Tradition des antiken Weltbildes und des griechisch-römischen Götterglaubens kamen und vom Judentum so gut wie keine Ahnung hatten, ist die Entwicklung des christlichen Glaubens umso erstaunlicher.

Die Frage drängt sich auf, was denn den entscheidenden Unterschied ausmachte, der dem Christentum zum Durchbruch verhalf. Es ist, einfach gesagt, die „Abschaffung“ des Totenreichs, in dem nach der Auferstehung des 'Christos kyrios' kein Sterblicher mehr für immer verbleiben musste, sondern mit Christus bei Gott in das ewige Leben hinein „auferstehen“ konnte. Dafür stand die Taufe als symbolhafte Handlung und Erfahrung, die Paulus so beschreibt: „sind wir mit Christus in seinen Tod hineingetauft, so werden wir mit ihm auferstehen und leben“.

Glaube war gleichbedeutend mit der persönlichen Annahme der Verheißung des neuen Lebens bei Gott, das durch Christus garantiert war, und das auch mit allen Konsequenzen für das irdische Leben.

Gegen Ende der Apostelzeit tauchte unter den frühen Christen mehr und mehr die Frage auf, wer denn dieser Jesus, der Christus des Glaubens, gewesen sei, was man noch von ihm in Erfahrung bringen konnte, was er wohl selbst gelehrt hatte und wie es schließlich zu seinem gewaltsamen Tod am Kreuz gekommen war. So sind in einem jahrzehntelangen Prozess die Evangelien entstanden, und Lukas gibt am Anfang seines Textes die Antwort: „ So habe auch ich es für gut gehalten ... es für dich, geehrter Theophilos, in guter Ordnung aufzuschreiben, damit du den sicheren Grund der Lehre erfahrest, in der du unterrichtet bist.“ Dieser 'Theophilos' ist mit großer Wahrscheinlichkeit keine Einzelperson, sondern eben jeder „Gottesfreund“, anders gesagt, jeder zum Glauben gekommene Christenmensch.

Diese einfachen Hintergründe der Entstehung des Christentums und der Schriften des Neuen Testaments helfen jungen Menschen zu einem besseren Verständnis nicht nur der frühen Geschichte des Christentums, sondern erleichtern auch den eigenen Umgang mit den biblischen Texten. Dies führt wie von selbst zu den wichtigsten Festen der Christenheit und ihrer Stellung im Ablauf des Kirchenjahres. Hier herrscht weit verbreitete Unkenntnis und ein regelrechtes Durcheinander, sowohl zeitlich als auch inhaltlich, wobei selbst die bekannten Feste von ihrem Sinn her nur andeutungsweise verstanden werden. Jesus wurde zwar in Bethlehem geboren und auf Golgatha gekreuzigt, aber was diese Jahr für Jahr gefeierten Ereignisse für den einzelnen Menschen bedeuten, ist nicht klar. Man nimmt das alles vom Kalender her wahr, lässt sich in die so oder so gepflegten Traditionen in der Familie einbeziehen und gibt sich einer nicht weiter erklärbaren Stimmung hin, gutes Essen und Geschenke eingeschlossen. Wäre da nicht der Religionsunterricht, die meisten würden nie etwas darüber erfahren und im Durcheinander der Feste hängen bleiben.

Da wird der Karfreitag mit Fronleichnam und Ostern mit dem Totensonntag verwechselt, da begegnen die „Heiligen drei Könige" den Hirten im Stall von Bethlehem, die Bedeutung von Ochse und Esel ist unbekannt, und Pfingsten sorgt ebenso für Ratlosigkeit wie das mittlerweile völlig unbekannte Dreieinigkeitsfest. Erntedank ist allenfalls eine Sache der Landwirte, welche ja bekanntlich ernten, und der erste Mai - ja was hat der denn mit Jesus zu tun, wo der doch in allen christlichen Festen vorkommt? Dieses Durcheinander wäre noch hinzunehmen, zumal es nach dem Kirchenjahr relativ einfach zu klären ist. Schwieriger wird es schon, wenn man nach der Bedeutung dieser Feste allgemein und speziell für den einzelnen Menschen fragt. Der Zugang zum besseren Verständnis ist beim Bußtag und bei der Fastenzeit eher möglich, da es hier ziemlich direkt um das Verhalten des einzelnen Menschen geht. Dies gilt auch für Themen wie Vergebung und Gebet, ja selbst Glück und Segen finden noch leichter Interesse und Zustimmung.

In einem dritten Themenkomplex herrscht ähnliche Unkenntnis. Es sind die, wie ich sie nenne, religionspraktischen Fragen wie die Übernahme des Patenamtes, der Sinn der Taufe und der kirchlichen Trauung, Verhalten bei einem Todesfall, Konfessionsverschiedenheit, Kirchenwahlen und, nicht zuletzt, die viel gescholtene Kirchensteuer. Bei der letzteren zählt nur das Zahlen, doch wofür das Geld verwendet wird, weiß so gut wie niemand. Die Kirchen, so heißt es oft, sind reich genug, das sieht man doch am Mercedes des Papstes und an den prunkvollen Kirchen. Hier tut sachliche Information Not, nur mangelt es dem Religionsunterricht an geeignetem Material, das jeweils auf dem neuesten Stand ist. „Brot für die Welt" macht es da mit seinen jährlichen kleinen Prospekten schon besser.

Was ich auf den vorhergehenden Seiten in kurzen Zügen dargestellt habe, soll keine Jammerpredigt über Mängel und Fehler sein, mit der ich irgendjemandem „an den Karren" fahren will, weder den jungen Erwachsenen, die zumeist lernwillig und neugierig sind, noch den Kolleginnen und Kollegen im Pfarramt oder in der Schule, die Woche für Woche mit viel Engagement „am Ball" sind. Es sind ganz einfach meine Eindrücke aus den vergangenen Jahren, mit denen ich zu einem offenen Gespräch über ähnliche Erfahrungen anregen möchte. Vielleicht gibt es ja noch andere Möglichkeiten der religiösen und kirchlichen Bildungsarbeit, sei es über das Internet oder über Radio und Fernsehen. Den wesentlichen Mangel aber sehe ich darin, dass im Raum der Kirche noch zu wenig Austausch betrieben wird, sowohl zwischen den Hauptamtlichen als auch unter den Laien in den Gemeinden. Es genügt nicht, den Schwund an Mitgliedern in den Kirchen und das zunehmende Desinteresse an Kirche und Glauben zu beklagen und dabei hinzunehmen, dass sich viele in den nachwachsenden Generationen mehr für Satanismus und Gewaltspiele interessieren als für den Zusammenhang von Religion und Politik, wie er zur Zeit hunderttausende von zumeist jungen Menschen in den arabischen Ländern im Kampf um Freiheit und Demokratie umtreibt.

Ein ganz anderes gesellschaftliches Problem entsteht durch den Wegfall des Zivildienstes, der für die zahlreichen sozialen Einrichtungen zu einem erheblichen Mangel an Leistungsfähigkeit führt, selbst wenn ein Teil der freien Stellen durch den neuen Bundesfreiwilligendienst ausgeglichen werden sollte. Auch diesem sozialen Thema könnte sich die kirchliche Bildungsarbeit unter jungen Menschen verstärkt zuwenden und es als eine Aufgabe christlicher Verantwortung für den hilfsbedürftigen Nächsten entdecken. Ich jedenfalls habe trotz aller Lücken und Mängel im Wissen über Glauben und Kirche die Hoffnung noch nicht aufgegeben, dass der viel beschworene Heilige Geist auch hier am Werke bleibt.

(Erschienen im Deutschen Pfarrerblatt, Heft 8 / 2011)

Eins in Christus

Plädoyer für einen ökumenischen Religionsunterricht

Nach der Konfession wird im Religionsunterricht selten gefragt, außer in der Oberstufe, wo das bevorstehende Abitur andere Voraussetzungen erfordert. Alle sind gleich, Evangelische und Katholiken, Baptisten und Orthodoxe, Konfessionslose und Muslime. Und das ist gut so, nicht nur für die Stundenplanmacher, denen eine Trennung in Konfessionen noch mehr schlaflose Nächte bereiten würde. Der Religionsunterricht ist ja auch keine in die Schule ausgelagerte christliche Glaubensschulung, sondern ein vom Staat eingerichtetes und von den Kirchen verantwortetes Bildungsfach mit klar vorgegebenen Zielen in den Lehrplänen. Offiziell hätte es ihn geben müssen, den konfessionellen Religionsunterricht. Die Wirklichkeit aber sieht anders aus, auch die in den Köpfen der jungen Leute. Die finden den Unterricht so in Ordnung und haben ganz andere Fragen. Wie war das mit der Schöpfung wirklich? Waren Adam und Eva die ersten

Menschen? Konnte Mose das Meer teilen? War Maria tatsächlich noch Jungfrau, als sie den Jesus zur Welt brachte, und konnte der dann später wirklich übers Wasser laufen und aus Wasser Wein machen? Warum dürfen katholische Priester nicht heiraten, und warum verbietet der Papst die Empfängnisverhütung und die Kondome gegen die Ausbreitung von AIDS, wo er doch davon eigentlich nichts versteht? Was machen die Kirchen mit ihrem vielen Geld? Die Liste der Fragen ist lang.

Es ist gelebte Ökumene, die in tausenden von Unterrichtsstunden praktiziert wird, und an der niemand Anstoß nimmt, weder die Schulbehörde noch die Kirchenleitungen, welche im Grunde froh sind, dass „ihr" Unterricht ohne große Komplikationen abgehalten werden kann, sei es von staatlichen oder kirchlichen Lehrkräften, und dies nach der Einführung des Ersatzfaches ‚Ethik' sogar mit steigenden Schülerzahlen. Wo also liegt das Problem? Zum einen in der unterschiedlichen Akzeptanz des Religionsunterrichts, von dem sich nicht wenige Schülerinnen und Schüler aus „Glaubens- und Gewissensgründen" abmelden, obwohl sie einer der beiden christlichen Konfessionen angehören. Zum andern offenbaren die Fragen der jungen Leute in den höheren Klassen, nicht nur der Berufsschule, einen zumeist dürftigen und fehlerhaften Kenntnisstand, der dem Religionsunterricht der vorhergehenden Altersstufen kein besonders gutes Zeugnis ausstellt.

Die im Verlauf der letzten Jahrzehnte ausgearbeiteten konfessionellen Lehrpläne und Unterrichtsmittel erweisen sich nur zum Teil als hilfreich, da sie häufig inhaltlich überladen und wegen ihrer kostspieligen Aufmachung in der Anschaffung für viele Schulen zu teuer sind. Dies hatte zur Folge, dass das Kopieren zum Mittel der Wahl wurde, um möglichst alle Klassen ansatzweise mit schriftlichen

Informationen versorgen zu können. Kernproblem aber ist die Tatsache, dass sich sehr viele jungen Menschen nicht mehr allzu eng mit ihrer Kirche verbunden fühlen. Sie erleben auch in ihren Familien eine zunehmende Entfremdung von der örtlichen Gemeinde und vom Gottesdienst, der im Durchschnitt nur von einem geringen Anteil der Gemeindeglieder besucht wird.

Hinzu kommen auch nicht gerade ermunternde Erfahrungen in konfessionsverschiedenen Familien, in denen die religiösen und kirchlichen Unterschiede oft als befremdlich empfunden werden. Warum wird Geschiedenen eine neue Eheschließung verweigert? Warum sind Geschiedene und Nicht-Katholiken von der Kommunion ausgeschlossen? Warum muss ein Pfarrer, der heiraten möchte, das Priesteramt verlassen? Warum haben es gleichgeschlechtliche Paare in den Kirchen so schwer, als gleichwertige Christen angenommen zu werden? Und nicht zuletzt die Frage, welcher Glaube denn nun der „richtige" sei? Vor diesem Hintergrund ist es jungen Menschen nur schwer zu vermitteln, woher die Differenzen in den Kirchen kommen, wo doch im Grunde alle Christen denselben Glauben haben, sie also „in Christus alle eins sind", wie Paulus das zuversichtlich ausspricht.

Besonders deutlich wird dies beim Abendmahl, dessen Bedeutung im Unterschied zur Taufe unter den Kirchen immer noch umstritten ist, sodass ausgerechnet bei diesem Sakrament, das die Gläubigen mit Christus und untereinander verbinden soll, die größte theologische und praktische Uneinigkeit besteht. Ein Skandal, ein 'skandalon', ein großer 'Stein des Anstoßes'! Dabei sprechen Jesus selbst und die Evangelien eine andere und, man sollte es meinen, verbindliche Sprache, über die sich Dogmatik und Kirchenrecht einfach hinwegsetzen.

Wer den Mut hat, die so genannte Interkommunion zu praktizieren, wird entweder scharf kritisiert oder gar seines Amtes enthoben, wie es vor einigen Jahren nach dem ersten ökumenischen Kirchentag in Berlin der katholische Priester und Theologieprofessor Gotthold Hasenhüttl zu spüren bekam. Seine Kirche bestrafte ihn für seine liturgische Eigenmächtigkeit mit Lehrentzug und Aberkennung des Priesteramtes. Wie soll man da Worte wie Ökumene und die Einheit der Christen, Liebe und Versöhnung und die Gemeinsamkeiten der Religionen jungen Menschen noch plausibel erklären, und das vor dem Hintergrund der Bergpredigt und des Bußrufes „Ändert euer Denken"? Die Kirchen sind hier wahrhaft keine Vorbilder für Toleranz und Glaubensstärke, allenfalls für Eigensinn und Selbstgefälligkeit.

Hinzu kommt, dass sich viele Gemeindeglieder, gerade auch die jüngeren, in ihrer Kirche nicht mehr richtig „aufgehoben" fühlen und selten noch wissen, was sie mit ihr anfangen sollen. Oft ist der Religionsunterricht der einzige Berührungspunkt mit der Institution, in die sie hineingetauft worden sind. So erwarten die jungen Menschen von den Religionslehrer/inne/n das, was sie in und von ihrer Kirche nicht mehr bekommen: Verständnis für ihre Lebenssituation, Vertrauen und sachgemäße Antworten auf ihre Fragen. Dasselbe gilt in vielen Fällen auch für junge Muslime, die sich auf die Begegnung und die Gespräche mit Christenmenschen, Lehrern wie Mitschülern, gerne einlassen und Interesse an den Themen des Religionsunterrichts zeigen, weil sie nicht befürchten müssen, „bekehrt" zu werden. Wichtig ist dabei, dass Schülerinnen und Schüler den nicht konfessionell gebundenen christlichen Religionsunterricht als einen Ort in der Schule erleben, der ihnen neben der sachlichen Vermittlung von Informationen über Religionen, Kirchen und unterschiedliche Glaubenshaltungen die Möglichkeit bietet, sich über vielfältige Probleme auszutauschen und im vorurteilsfreien Miteinander soziale Kompetenz zu erwerben. Es geht um nichts weniger als um die Erfahrung, dass friedliches Zusammenleben möglich ist trotz oder gerade wegen unterschiedlicher religiöser Ausrichtung.

Der weltweite Missbrauch von Religion und die Vermischung radikaler religiöser Strömungen mit politischen Zielen stellt eine besondere Herausforderung für den Religionsunterricht dar, die im Zusammenspiel von Lerninhalten und persönlicher Begegnung mit unterschiedlichen religiösen Traditionen aufgearbeitet werden kann. Dabei sollen die Verschiedenheiten nicht verwischt, sondern als Chance zu gegenseitigem Verständnis und Toleranz genutzt werden. Das „Eins- Sein in Christus“ kann hierbei Anstoß und Ziel gemeinsamen Lernens sein.

Buße tun

Der Weg aus der Sackgasse

Mit dem Buß- und Bettag ist es so eine Sache. Erst wurde er wegen angeblicher Finanzierungslücken in der Pflegeversicherung als arbeitsfreier Feiertag abgeschafft, und dann hatte keiner den Mut, ihn wieder als solchen einzuführen. Kein Wunder, denn schon einige Zeit vor seiner „Stilllegung“ wurde er ironisch als „Bus- und Betttag“ belächelt, denn die einen machten einen Ausflug mit dem Bus, und die anderen nutzten ihn zum Ausschlafen mitten in der Woche. Nur als Gelegenheit zu geistlicher Besinnung wurde der mit dem Aschermittwoch verwandte Tag

Ende November von der Mehrzahl der Christen in unserem Land längst nicht mehr genutzt.

Das liegt zum einen an der weit verbreiteten Unkenntnis über Sinn und Zweck vieler kirchlicher Feiertage, zum andern an einem sprachlichen Missverständnis. Buße - das erinnert weniger an einen Akt geistlicher Seelenreinigung als vielmehr an Strafzettel und von irgendeiner Behörde ausgestellte Bußgeldbescheide, mit denen etwelche Verfehlungen geahndet werden. Im Grunde ging es auch bei den von Martin Luther als theologisch widersinnig gebrandmarkten Ablassbriefen nur um eine Bußgeldzahlung mit nachfolgender Entlassung aus dem Fegefeuer. Wahre Reue und Buße war bei den leichtgläubigen und von ihrer eigenen Kirche um ihr Geld und Seelenheil betrogenen Christenmenschen des frühen sechzehnten Jahrhunderts kaum zu erwarten.

Eben jener Martin Luther hat bei seiner zu Recht viel gelobten und anerkannten Übersetzung der Bibel ins Deutsche in bestem Wohlmeinen die Weichen zum Missverständnis gestellt, wenn er am Anfang des Markusevangeliums den in Griechisch geschriebenen Aufruf von Jesus „metanoeite“ mit „tut Buße“ wiedergibt. Das mag für Luther noch theologisch sinnvoll gewesen sein, aber heute weiß kaum mehr jemand etwas damit anzufangen. Was soll man denn tun, wenn man „Buße tut“? Vollends unverständlich wird die Sache, wenn man den nachfolgenden Satz liest: „Tut Buße, denn das Himmelreich ist nahe herbei gekommen.“ Soll das etwa eine Drohung sein? Und was verbirgt sich hinter dem Wort „Himmelreich“?

Erklären wir zunächst das Wort 'meta-noeite'. Die Vorsilbe 'meta' deutet auch in anderen Zusammensetzungen immer auf eine Verlagerung oder Veränderung hin. Bei der 'Metamorphose', dem Gestaltwandel, wird etwa eine

Raupe zum Schmetterling oder die kiemenatmende Kaulquappe zum lungenatmenden Frosch. Unter 'Metastase' versteht man in der Medizin die Entstehung von Tumoren auch in anderen als in dem primär befallenen Organ. In der Sprachlehre ist eine Metapher ein bildhafter Vergleich („es regnet in Schnüren"), und die Philosophie kennt den Begriff 'Metaphysik'. Einfaches Beispiel hierfür: die Metaphysik von einem „Stuhl" ist das „Sitzen". Das Zeitwort 'noein' heißt im Griechischen 'denken, verstehen' und verweist auf das Hauptwort 'nus' für 'Denken, Verstand'. Also bedeutet die Zusammensetzung von 'meta' und 'noeite' ganz einfach „Ändert euer Denken!". Und wo sich das Denken ändert, da ändern sich auch das Verhalten und das Handeln.

Ändert man nun den nachfolgenden Satz mit dem sich nahenden Himmelreich nur geringfügig, wird die ganze Aussage mit einem Mal verständlich. Jesus will seinen Zuhörern vor Augen halten, dass sie dann dem „Himmelreich", also der Herrschaft Gottes, ein gutes Stück näher kommen, wenn sie ihr Denken, ihre Einstellung zum Leben ändern. Die Gesetzmäßigkeiten menschlicher Herrschaft, die gekennzeichnet sind von Macht, Streit, Unfrieden und Misstrauen, sollen den Leitlinien des göttlichen Willens Platz machen, die das Heil und Wohlergehen der Menschen ausmachen, nämlich Liebe, Versöhnung, Gerechtigkeit und Frieden. In dem Zusammenhang bekommt das berühmte Gebot „Liebe deinen Nächsten wie dich selbst" eine ganz neue Akzentuierung.

Seinen so genannten „Bußruf" unterstreicht Jesus selbst mit der eindrucksvollen Beispielgeschichte vom „Verlorenen Sohn". Da gerät ein Mensch vor lauter Selbstverwirklichung in eine Sackgasse, an deren Ende ihm entweder schiere Verzweiflung und Selbstaufgabe oder aber der Entschluss zur Umkehr als einzige Alternative bleibt. Er entscheidet sich für die Umkehr, und die gibt seinem Leben im wahrsten Sinn die entscheidende Wende. Er verlässt den Ort der größten Entfremdung, wobei die von ihm gehüteten Schweine auf die Entfernung von seinem jüdischen Glauben hinweisen, und macht sich auf den Weg nach Hause. Was ihn dort erwartet, ist zwiespältig. Sein Vater geht ihm als dem Totgeglaubten mit offenen Armen entgegen, während ihn sein Bruder mit Vorwürfen überschüttet. Letztlich aber siegen die Einsicht und der Neuanfang.

Was den „verlorenen“ Sohn in der Geschichte aus seiner selbst gewählten Sackgasse herausbringt, ist der Sinn des Bußtages. Indem der Mensch sein Denken ändert, vollzieht er eine radikale Umkehr. Martin Luther drückt dies in seinem Katechismus so aus: Buße tun heißt „umkehren in die offenen Arme Gottes“ und damit zurückfinden zu den wahrhaft menschlichen Lebensmaßstäben. Das Beten als zweites Element des Bußtages ist der Vollzug der Annäherung an Gottes Gegenwart und damit ein auf Dauer gangbarer Weg, immer wieder eine heilsame Bewegung in das eigene Leben zu bringen.

Himmel und Erde

Elemente der Schöpfung

Wir nehmen es als selbstverständlich hin, dass es im ersten Satz der Bibel heißt: „Im Anfang schuf Gott den Himmel und die Erde“ (Gen.1, 1). Im ersten Semester des Theologiestudiums haben wir diesen und die folgenden Sätze auf Hebräisch auswendig gelernt, aber nie wirklich darüber nachgedacht, auch nicht darüber, warum das Alte Testament gerade mit diesen Worten beginnt. Die

Verfasser dieses so genannten ersten Schöpfungstextes brachten ihn zusammen mit anderen Überlieferungen aus Babylonien mit, wohin sie vom babylonischen Herrscher Nebukadnezar um das Jahr 587 v. Chr. mit vielen Landsleuten der jüdischen Oberschicht zwangsweise verschleppt worden waren.

Im Laufe der viel hundertjährigen Überlieferungsgeschichte wurden die heiligen Schriften gesammelt, redaktionell überarbeitet und in eine Reihenfolge gebracht, die nicht unbedingt mit ihrer zeitlichen Entstehung übereinstimmt. So ist etwa die Erzählung von der Erschaffung der Menschen in Gen.2, die auch ‚Paradiesgeschichte' genannt wird, rund fünfhundert Jahre vor dem kosmischen Schöpfungstext in Gen.1 entstanden, etwa um 980 v. Chr. in Jerusalem in der Regierungszeit des Königs David, der als der Begründer des Staates Israel gilt.

Die Erzählung von der Erschaffung der Welt beginnt mit etwas Grundlegendem. Gott schuf ‚im Anfang' den Himmel und die Erde, zwei Bereiche des Lebens, die in klarer Position einander zugeordnet sind als das „Oben" und das „Unten". Die Erde als der Lebensraum aller Geschöpfe bildet die Basis, über der sich die „Feste des Himmels" wie ein Dach wölbt und mit Sonne und Mond bei Tag und bei Nacht Licht ins Dunkel der Erde bringt, die nach Luther „wüst und leer" war und über deren Wassern der Geist Gottes gleichsam als schöpferische Urkraft „schwebte".

Der Himmel ist als Antipode zur Erde der Lebensraum Gottes, von wo aus er ordnend und in großer Vielfalt Leben spendend in das „Chaos" eingreift. So beschreibt der Verfasser die „creatio Dei", die Schöpfung Gottes, in der sich der Glaube an den einen Gott manifestiert. Bis heute aber hat sich gerade auch unter gläubigen Christen die Vorstellung festgesetzt, als handele es sich um eine Beschreibung der tatsächlichen Vorgänge im Vollzug der

Erschaffung der Welt. Diese besonders auch in Amerika als „Kreationismus“ bezeichnete Auffassung ist bei genauer theologischer und texthistorischer Analyse nicht haltbar. Nur wenn man diese außer Acht lässt und sich voll und ganz auf die göttliche Inspiration und die absolute, buchstabengetreue Wahrheit biblischer Texte stützt, ist die kreationistische Theorie vertretbar, auch wenn sie allen naturwissenschaftlichen Erkenntnissen und rationalen Argumenten widerspricht.

Hier stellt sich nun auch die Frage, was die Begriffe „Himmel“ und „Erde“ eigentlich bedeuten. Bei der Erde scheint dies noch einigermaßen einfach zu sein, da wir Menschen auf der Erde leben und selbst irdische Geschöpfe sind (vgl. Gen. 3,19). Die Geschichte der Erkenntnisse über die Erde und ihre Stellung im Kosmos hat uns aber gelehrt, dass es auch hier keine abschließende und endgültige Wahrheit zu geben scheint. Dies belegt zum einen der Wechsel vom geozentrischen zum heliozentrischen Weltbild, zum andern aber zuvor schon die Ablösung des dreischichtigen Weltbildes in der Antike durch die Erkenntnis des griechischen Gelehrten Ptolemaios, der die Kugelform der Erde schon in der Mitte des zweiten christlichen Jahrhunderts wissenschaftlich nachweisen konnte.

In der zweiten Hälfte des vorchristlichen Jahrtausends bildete sich die Vorstellung heraus, dass die Erde eine Scheibe ist, die, auf Stützen ruhend, vom Weltenozean umgeben ist. Im Unterschied zum alttestamentlichen Schöpfungstext in Gen. 1 kommt jetzt zu den beiden Ebenen des Himmels und der Erde noch eine dritte Ebene hinzu: die Unterwelt oder das so genannte Totenreich, in dem die Verstorbenen für immer verbleiben. Bei den Ägyptern mussten sich dort die Toten vor den hierfür zuständigen Totengöttern verantworten. Allgemein galt die Vorstellung, dass es aus dem Totenreich kein Entrinnen, also auch keine Rückkehr in den Bereich der Lebenden geben konnte.

Die christliche Auferstehungshoffnung eröffnete im Vollzug der Taufe die Aussicht auf ein neues Leben bei Gott im Reich des Himmels durch das Erlösungswerk des gekreuzigten und auferstandenen Christus. So verkündeten es die Apostel in den ersten Jahrzehnten nach dem Kreuzestod des Jesus von Nazareth, danach die Verfasser der Evangelien, die durch ihre anschaulichen Erzählungen über den Rabbi Jesus den Christusglauben untermauerten und für Nicht-Juden verstehbar machten.

Von hier aus bekommt der Begriff „Himmel“ eine neue, geistige Bedeutung, die für uns rationale Menschen nicht ohne weiteres zugänglich ist, vor allem auch deshalb, weil es in der deutschen Sprache nur das eine Wort ‚Himmel’ mit seinen verschiedenen Bedeutungen gibt. Das Englische unterscheidet zwischen dem kosmischen ‚sky’ und dem religiösen ‚heaven’. Was meinen wir, wenn wir mit einem Kind beten: „Lieber Gott, mach mich fromm, dass ich in den Himmel komm“? Oder wenn wir auf die Frage eines Kindes, wo denn die verstorbene Oma jetzt sei, fast selbstverständlich antworten: „Bei Gott im Himmel“? Ist das eine leichtfertige Ausrede, die wir so gelernt haben und die uns vor weiteren Nachfragen schützt, oder steckt ganz unbewusst eine einfache Glaubenswahrheit dahinter? Welches Bewusstsein von ‚Himmel’ haben wir?

Vordergründig ist der Himmel das, was wir sehen, wenn wir „zum Himmel“ aufblicken. Dort sind die Wolken und die Sonne, von dort kommen Regen und Schnee, dort hinauf kann man fliegen - ein uralter Menschheitstraum! Der Himmel ist der Sitz der Gestirne, die zeitweise göttliche Verehrung genossen, und nicht wenige Menschen schreiben den Sternbildern heute noch geheimnisvolle, ja magische Kräfte zu, mit denen sie auf die Irdischen einwirken. So hatte und hat der ‚Himmel' neben seiner materiellen immer schon eine spirituelle Bedeutung, die Eingang gefunden hat in die Religionen der Menschheit. Im Gegensatz dazu schrieb vor kurzer Zeit ein Astrophysiker in einem Zeitungsartikel, dass den Sternen und Sonnensystemen die Menschen „ziemlich egal" sind, nicht zuletzt wegen ihrer unfassbaren Größe und Entfernung zu der von Menschen bewohnten Erde.

Die Erde selbst ist für uns Menschen auch nicht gerade einfach zu begreifen, und schon gar nicht solche zusätzlichen fantastischen Konstrukte wie die schon erwähnte ‚Unterwelt' oder die ‚Hölle' als Ort teuflischer Qualen, die Ausdruck religiöser Ängste sind und von der mittelalterlichen Kirche als Machtmittel missbraucht wurden, um den Gläubigen moralische Maßregeln und Gehorsam aufzuerlegen. Mit Erlösung oder gar Hoffnung auf ein neues und ewiges Leben bei Gott hatte das wirklich nichts zu tun.

So machten sich die Menschen im Lauf der Zeit ihre eigenen Vorstellungen von der Welt, in der sie lebten, und von der Welt, die sie zu erreichen hofften, je nach wissenschaftlicher Erkenntnis und religiöser Tradition. Ihr Verständnis und ‚Bild' von Gott passten die Mächtigen ihren jeweiligen Erkenntnissen an, gaben dieses unter Berufung auf die Bibel als unumstößliche Glaubenswahrheit aus und verurteilten diejenigen, die ihnen darin nicht zu folgen vermochten, als Gotteslästerer und Ketzer. So scheiden sich an den jeweiligen Weltbildern die Geister, unabhängig davon, ob ein solches Weltbild „stimmt" oder nicht. Da die „Faktenwahrheit", was Himmel und Erde angeht, für die meisten Menschen sowieso nur sehr eingeschränkt verifizierbar ist, werden etwaige Spekulationen hierüber allzu leicht zu verbindlichen Wahrheiten hochstilisiert, die nicht selten den Rang einer göttlichen Offenbarung beanspruchen. Ist dieser Fall eingetreten, ist es so gut wie unmöglich, etwas daran zu ändern, und sei es noch so vernünftig und von glaubwürdiger Stelle aus vorgetragen. Dabei halten sich einmal in die Welt gesetzte Vorurteile und gängige Volksmeinungen dort am stärksten, wo es um die Frage nach Himmel und Erde geht, also gerade um das, wovon der Mensch am meisten abhängig ist, weil damit seine Existenz auf dem Spiel steht.

Wie leicht und klar klingt dagegen das Wort aus Psalm 73,25: „Wenn ich nur Dich habe, so frage ich nichts nach Himmel und Erde." Ähnlich verhält es sich bei dem Jesuswort in Matth. 24,35: „Himmel und Erde werden vergehen, aber meine Worte werden nicht vergehen". Das bedeutet nicht, dass Jesus den Untergang der Schöpfung Gottes vorhersagt, sondern er unterstreicht damit den Stellenwert dessen, was er im Namen seines Vaters „im Himmel" denen zu sagen hat, die „auf Erden" leben. Das Wort des lebendigen Gottes ist größer und bedeutsamer als das, was der Mensch in der von Gott geschaffenen Welt vor Augen hat. Gott ist der Herr der Schöpfung, die er durch sein Wort ins Leben ruft. Konsequenterweise gilt das auch für den Menschen, der vor allem nach Gott fragt, wenn es um sein Dasein geht, und für den dann ‚Himmel und Erde' als die Lebensbedingungen zweitrangig sind. Gleichwohl ist der Mensch verantwortlicher Sachwalter der Schöpfung, denn er ist von Gott dazu berufen (Gen. 1,28 / Gen. 2,15). Seine Zuständigkeit bezieht sich auf die Erde, nicht auf den Himmel, welcher der ureigenste Bereich Gottes ist. Gott und Himmel sind gleichsam Synonyme, so wie der Mensch (= adam) von der ‚Erde' (= adamah) genommen ist und wieder zu Erde wird. So stehen sich in Wahrheit in den Elementen ‚Himmel' und ‚Erde' Gott und

Mensch gegenüber, Gott aber als Ursprung und Ziel von beiden.

Himmelfahrt

Die Umkehrung der Christusgeburt

„O Heiland, reiß die Himmel auf, herab, herab vom Himmel lauf" - so singen wir im Advent in der Erwartung der Christusgeburt (EKG 7,1). In diesem Jesus kommt Gott zur Welt in des Wortes zweifacher Bedeutung. Er wird geboren und kommt dadurch zur Welt - venit ad mundum. Und dann heißt es in einem anderen Weihnachtslied (EKG 36,2): „Gott wird Mensch, dir, Mensch, zugute". Gott alias 'der Himmel' neigt sich zur Erde alias 'zum Menschen'. Und ein drittes Lied sagt es ganz ähnlich (EKG 66,1): „Gottheit und Menschheit vereinen sich beide; Schöpfer, wie kommst du uns Menschen so nah!" Wie oft haben wir das schon gesungen und nicht weiter darüber nachgedacht. Dabei geht es um nichts Geringeres als um die Nähe Gottes zum Menschen bzw. um die Nähe des Menschen zu Gott. Auf den Punkt gebracht heißt das, dass sich diese Nähe in der Person von Jesus, dem 'Sohn Gottes', widerspiegelt. Er, der Christus, ist wahrer Mensch und wahrer Gott zugleich, 'vere homo' und 'vere deus' in einem (vgl. EKG 30,3). Es geht um die Identität Gottes mit dem Menschen und um die Identität des Menschen mit Gott.

'Himmelfahrt' im Zeitalter der Raumfahrt führt fast zwangsläufig zu Missverständnissen und damit zu einer Verfehlung des eigentlichen Glaubensinhaltes. Dies wird noch begünstigt dadurch, dass es im Deutschen nur das eine Wort 'Himmel' gibt im Unterschied zum Englischen, wo zwischen 'sky' und 'heaven' unterschieden wird. Die Raumfahrt spielt sich im 'sky' ab, der Glaube im ,'heaven'. Doch es hat einige Zeit gedauert, bis die Menschen gelernt haben, ihren Blick von der physischen Realität hinzuwenden zur geistigen Wirklichkeit, und dennoch beherrscht immer noch der sichtbare Himmel des Kosmos sehr stark das allgemeine und auch das religiöse Bewusstsein.

So ist es nicht verwunderlich, wenn der Evangelist Lukas am Anfang der Apostelgeschichte eine auf den ersten Blick realistisch anmutende Schilderung der „Himmelfahrt" des auferstandenen Christus gibt (Apg. 1,4 ff.). Die mit ihm versammelt sind, empfangen Weisungen und die Verheißung des Heiligen Geistes (Ankündigung des Pfingstgeschehens). Danach „ward er aufgehoben zusehends, und eine Wolke nahm ihn auf vor ihren Augen weg. Und als sie ihm nachsahen, wie er gen Himmel fuhr, siehe, da standen bei ihnen zwei Männer in weißen Kleidern...", die ihnen die Wiederkunft des Auferstandenen verheißen. Diese Szene weist eine deutliche Parallele zum Anfang von Luk. 24 auf, wo die Frauen, die den Leichnam Jesu zum Begräbnis vorbereiten wollen, „den Leib des Herrn Jesus nicht fanden", ihnen aber zwei Männer in weißen Kleidern begegnen. „Was sucht ihr den Lebendigen bei den Toten? Er ist nicht hier, er ist auferstanden" - das ist ihre Botschaft.

Mit den Männern in weißen Gewändern spielt Lukas auf die Prediger des Evangeliums an, die zum Zeichen Ihres Glaubens in der Gemeinde helle Gewänder tragen ((vgl. den Satz aus Offbg. 3,5: „Wer (den Tod durch die Taufe) überwindet, der wird mit einem weißen Gewand bekleidet")). Lukas impliziert an beiden Stellen seiner Darstellung die Verkündigung des Glaubens an den auferstandenen und (in Gottes Himmel) lebendigen Christus als Vorbild für jeden Christen. In der Tat feiern wir die Auferstehung und die Himmelfahrt des Christus ja nicht als absolutes und „alle Jahre" wiederkehrendes Geschehen, dessen Betrachter wir sind, sondern wir feiern zugleich die Erwartung unserer eigenen Auferstehung und Himmelfahrt, die uns in die Nachfolge Christi führt und ihm ähnlich werden lässt. Denn so, wie wir mit unserem Leben 'von Gott' kommen, werden wir - das sagt unser christlicher Glaube - in das Leben 'bei Gott' zurückkehren.

Das ist auch der tiefere Sinn der Christusgeburt, die wir an Weihnachten feiern. Mit Jesus, dem Christus, der unser „Bruder worden ist", kommen wir zur Welt und werden „hernach dort oben in Ewigkeit dich loben" (EKG 33,3). Eine besondere Bedeutung gewinnt von daher die Passion, das Leiden und Sterben von Jesus. Nach den Texten der Evangelien wurde der Rabbi Jesus deswegen verfolgt und schließlich gewaltsam getötet, weil er mit seiner Lehre und seinem Umgang mit den Menschen nicht den Vorstellungen und Erwartungen der theologischen Autoritäten der Priester und Schriftgelehrten entsprach. Das Gesetz des verfassten, traditionellen Judentums war offenbar nicht vereinbar mit der Art und Weise, wie es Jesus mit seiner Menschenfreundlichkeit und Gottesnähe lehrte. Die Überwindung der Distanz zwischen Gott und Mensch als Ausdruck gegenseitiger Liebe wurde als unverzeihliche Provokation empfunden. Aber genau dies wurde zur Grundlage des Glaubens an das neue Leben „bei Gott im Himmel", welches wir „Auferstehung" nennen.

Pfingsten

Geburtsstunde einer Weltreligion

Auf die Frage, was das Wort „Pfingsten“ bedeutet, können die wenigsten Menschen eine eindeutige Antwort geben, selbst wenn sie als Christen das eigentlich wissen müssten. Gewiss, es geht irgendwie um den Heiligen Geist, von dem ja auf vielfältige Weise geredet wird. Nach Vater und Sohn kommt im Glaubensbekenntnis der Heilige Geist, und wie oft verwenden wir die entsprechende trinitarische Formel „Im Namen Gottes des Vaters und des Sohnes und des Heiligen Geistes“. Das Wort „Pfingsten“ kommt von dem griechischen Zahlwort 'pentekoste' für ‚der fünfzigste', d.h., die Juden feiern am fünfzigsten Tag (pentekoste hemera) nach Passah („Ostern“) das Schawuot-Fest (Wochenfest). In Frankreich heißt Pfingsten deshalb „la Pentecôte“, in Italien „pentecosta“.

So weit, so gut, aber wie wurde aus einem traditionellen jüdischen Fest das Gedenkfest an die „Ausgießung des Heiligen Geistes“ oder gar das „Geburtsfest der Kirche“, wie Pfingsten seit alters her auch genannt wird? Wenn es nicht die Aufzeichnungen des Evangelisten Lukas gäbe, der in Fortsetzung seines Evangeliums die „Taten der Apostel“ (Acta Apostolorum) und dort gleich zu Anfang die „Himmelfahrt“ und das Pfingstgeschehen schildert, gäbe es diese Feste so, wie wir sie aus der kirchlichen Tradition gewohnt sind, wohl nicht.

Die Abfassung der so genannten 'Apostelgeschichte' kann etwa um das Jahr 70 n.Chr. datiert werden, zu einem Zeitpunkt also, an dem die erste Generation von christlichen Missionaren schon tot war und es im östlichen Mittelmeerraum zahlreiche christliche Gemeinden gab, deren Namen teilweise durch die Briefe des Apostels Paulus bekannt sind. Lukas schreibt seine Texte aufgrund der Zeugnisse vieler Zeitgenossen, die in den Anfangsjahren des noch jungen Christentums die Ereignisse um Jesus und danach die Entwicklung des neuen Glaubens miterlebt haben (Lk.1, 2), und er hat nach eigenem Bekunden alles von Anfang an „mit Fleiß erkundet“ (v3). Wer allerdings genau seine Informanten waren, ist nicht bekannt, doch es ist wahrscheinlich, dass Lukas selbst sich auf den Weg gemacht hat, um die Dinge in Erfahrung zu bringen, die Grundlage sowohl seines Evangeliums als auch der Apostelgeschichte geworden sind. Dazu gehört auch die Kenntnis des Markusevangeliums, das nach den Ergebnissen der synoptischen Forschung Lukas und Matthäus als Vorlage gedient hat.

Bemerkenswert ist die Tatsache, dass Lukas nach dem Textbestand des Neuen Testaments der einzige frühchristliche Schriftsteller ist, der sich um eine Darstellung der Apostelzeit bemüht hat, also um die unmittelbar nach dem Kreuzestod von Jesus einsetzende Entstehung und Ausbreitung des Glaubens an den auferstandenen Christus, der „zur Rechten Gottes, des Vaters“ erhöht wurde. Dies weist ihn als Missionstheologen aus, der das Thema der Verkündigung des Evangeliums an mehreren Stellen anklingen lässt. So breiten die „Hirten“ in der Geburtsgeschichte „das Wort aus, das zu ihnen von diesem Kinde gesagt war“ (Lk. 2,17). Und die mit dem Auferstandenen versammelten Frauen und Männer bekommen von ihm die Verheißung des Heiligen Geistes und die Weisung, seine Zeugen zu sein „in Jerusalem und in ganz Judäa und Samarien und bis an das Ende der Erde“ (Apg. 1,8).

Aus der Aufzählung der verschiedenen Volksgruppen und Sprachen in Apg. 2 wird die Ausdehnung der christlichen Mission zur Zeit des Lukas ersichtlich. Die so genannte

Pfingstpredigt des Apostels Petrus bezieht sich auf den Propheten Joel (3, 1-5), der von der Ausgießung des Geistes Gottes „auf alles Fleisch“ redet. Lukas zitiert hier in der Person des Petrus die Grundzüge des neuen Glaubens, der in der Botschaft von der Auferweckung des Jesus durch Gott gipfelt (Apg. 2, 32), der ihn „zum Herrn und Christus gemacht hat“ (v36). Dem folgt der aus den Evangelien bekannte Aufruf: „Tut Buße, und lasse sich ein jeder taufen auf den Namen Jesu Christi zur Vergebung der Sünden, so werdet ihr empfangen die Gabe des Heiligen Geistes“ (v38).

Die Frage ist nun, was unter dem „Heiligen Geist“ zu verstehen ist, von dem wir in der Bibel lesen und den wir oft so selbstverständlich im Munde führen. Grundsätzlich ist es der Geist Gottes im Unterschied zum menschlichen Geist, der mit Leib und Seele eine Einheit bildet. Der Geist Gottes wird auch gleich gesetzt mit dem Odem, der am Anfang der Schöpfung über den Wassern schwebte (Gn.1, 2) und den aus Erde geformten Menschen zu einer „lebendigen Seele“ machte (Gn.2, 7). Der Geist Gottes ist belebend, anregend, Energie spendend, er bewegt und macht Mut. Wo der Geist Gottes wirkt, da weht ein mächtiger, frischer Wind, da brennen die Herzen vor Begeisterung, da geht der Mund über vor Fülle der Gedanken und Empfindungen.

Mit den Bildern von Wind und Feuer beschreibt Lukas die Ereignisse und Gefühle unter den Menschen, die sich - zunächst noch hinter verschlossenen Türen - zum Wochenfest in Jerusalem versammelt hatten. Die anfängliche Furcht und Verunsicherung weicht zusehends der Freude und Zuversicht angesichts der froh machenden Botschaft, die alle ergreift: Der Glaube und das Vertrauen auf den lebendigen Christus bedeuten Rettung und Orientierung für alle kommenden Geschlechter, weit über Jerusalem hinaus (Apg. 2, 39). In dieser Situation befinden sich Lukas und seine christlichen Zeitgenossen, und ihr will er durch seine Texte Nachdruck verleihen: „damit du den sicheren Grund der Lehre erfährst, in der du unerrichtet bist“, schreibt er in der Einleitung seines Evangeliums an den „Freund Gottes“ (Lk.1, 4), womit jeder gemeint ist, der durch die Taufe zum Glauben gekommen ist.

Wir können nur ahnen, wie weit wir trotz großer Bemühungen vieler Menschen in den Kirchen der Welt entfernt sind von der Begeisterung, die mit Pfingsten begonnen hat. Dogmatische und organisatorische Hemmnisse, selbst geschaffene Gesetze und Ordnungen, gepaart mit Machtstreben und rechtgläubiger Überheblichkeit, zeugen mehr vom beschränkten menschlichen Geist als vom befreienden, Liebe und Versöhnung stiftenden Geist Gottes, den wir darum „Heilig“ nennen und um den wir an Pfingsten bitten: „Komm, Gott Schöpfer, Heiliger Geist“ (EKG 126,1).

Ein Fest im Schatten

Trinitatis

Unter den großen Festen der Christenheit führt eines im Gegensatz zu seiner theologischen Bedeutung ein ziemliches Schattendasein. Während es vor Jahrzehnten noch einige Beachtung fand und auch in den Gottesdiensten mit besonderer Musik gewürdigt wurde, wissen heutzutage immer weniger Menschen um seine zentrale Stellung im Kirchenjahr. Dabei gibt es der längsten liturgischen Zeit seinen Namen und ist eigentlich das einzige große Gottes-Fest im Unterschied zu den bekannten Christus-Festen wie Weihnachten und Ostern. Es ist das Dreieinigkeitsfest, das am Sonntag nach Pfingsten begangen wird.

Das Fest der Heiligen Dreieinigkeit, lateinisch 'festum Sanctae Trinitatis', hat viele Bezüge zur alltäglichen religiösen Praxis. Gottesdienste und Feiern, Segnungen und Weihehandlungen beginnen mit den Worten „Im Namen Gottes des Vaters und des Sohnes und des Heiligen Geistes", wobei es bei den Katholiken Brauch ist, sich zu bekreuzigen. Viele Gesangbuchlieder haben die trinitarische Formel zum Inhalt oder enden mit einer Dreieinigkeitsstrophe. Auch das christliche Glaubensbekenntnis ist in drei Artikel unterteilt: Der Glaube an Gott, den Vater, an Jesus Christus, seinen eingeborenen Sohn, und an den Heiligen Geist. Zeitweise hat man auch von der Heiligen Dreifaltigkeit gesprochen, um darzustellen, wie sich Gott auf dreierlei Weise für die Gläubigen 'entfaltet' und doch der Eine bleibt. Nicht zuletzt werden die auf das Dreieinigkeitsfest folgenden Sonntage „nach Trinitatis" gezählt.

Im Religionsunterricht zeigte sich immer wieder, wie unbekannt dieses Fest ist, gibt es doch außer den üblichen Gottesdiensten keine auffälligen gesellschaftlichen Traditionen, öffentlichen Feiern und Erwähnungen in Presse und Fernsehen und auch keine besonderen Speisen und Getränke, an denen man dieses Fest erkennen könnte. Auch für den Einzelhandel und die Reisebranche gibt es nichts, was die Umsätze anlässlich des Gottesfestes steigern könnte, zumal es in unmittelbarer Nähe zu Pfingsten und den damit verbundenen Urlaubstagen liegt. Da kam die Frage auf, womit man so ein Fest aus seinem Schattendasein herausholen könnte. Unter den mancherlei Vorschlägen erschien die Idee, ein typisches Gebäck zu entwickeln, besonders reizvoll. Was für Weihnachten der Christstollen und die vielen Sorten von Kleingebäck und für Ostern die Biskuit- und Schokoladehasen samt den bunten Eiern sind, das könnte doch ein die Dreiersymbolik unterstreichendes Backwerk für das Trinitatisfest sein.

Ein schlichtes Teigdreieck wurde verworfen, weil es das in den Bäckereien schon lange gibt. Ebenso war die herkömmliche Brezel, die mit ihren drei Öffnungen, durch welche die Sonne hindurch scheinen konnte, ihrem Erfinder der Sage nach das Leben gerettet hatte, auch schon vergeben. Aber warum nicht eine neue Brezel formen, die es so noch nicht gab? Diese Idee setzte sich schließlich durch, und so entstand die „Dreieinigkeitsbrezel", für die sich recht schnell auch ein Bäckermeister fand, der in der Lage war, aus den bekannten Rohstoffen dieses neue, religiös motivierte Gebäck herzustellen. Hunderte von diesen Brezeln wurden pünktlich zum Dreieinigkeitsfest gebacken, Informationsblätter lagen auf den Verkaufstheken aus, die Presse berichtete darüber, und dem Landesbischof wurde ein extra großes Exemplar überreicht. Andere Bäcker fertigten das fromme Gebäck, das sogar in manchen Gottesdiensten beider Konfessionen verteilt wurde, und man hätte meinen können, damit sei nun eine neue Tradition ins Leben gerufen worden, die das vernachlässigte und im Schatten seiner großen Konkurrenten stehende Dreieinigkeitsfest wieder stärker ins Bewusstsein der Menschen rücken würde.

Aber so einfach war die Sache nicht, denn den meisten Bäckern war bei aller Sympathie die Herstellung dieser speziellen Brezel zu aufwendig, und selbst die gläubigen Kunden verlangten sie nicht mehr. Blieb als einzige Möglichkeit, solche Brezeln selbst zu backen, und wenn nicht zum Dreieinigkeitsfest, dann für eine Taufe, Konfirmation oder Firmung, wo ja die Dreiheit von Vater,

Sohn und Heiligem Geist eine besondere Rolle spielt. Die angefügte Zeichnung soll die eigene Herstellung von Dreieinigkeitsbrezeln für Familienfeste ermöglichen und fördern. Man beachte dabei die entstehende Kreuzform der Brezel, die sowohl aus Hefeteig als auch aus süßem Teig hergestellt werden kann. Für die salzige Version kann man sich beim Bäcker etwas Lauge besorgen, bei deren Verwendung allerdings Vorsicht bei den Augen geboten ist. Ganz gleich, welcher Geschmack bevorzugt wird - die Dreieinigkeitsbrezel soll all denen, die sie backen und verzehren, zum Segen gereichen und das Dreieinigkeitsfest mit seiner Bedeutung in Erinnerung bringen.

Zeichnung einer Dreieinigkeitsbrezel

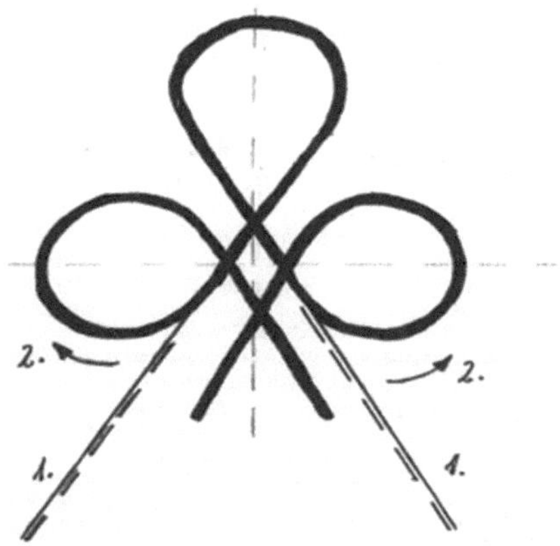

1. Schleife legen
2. Überschlagen und Kreuzen der Enden von links und rechts

Über die Bibel

Gottes Menschenwort

Über kein Buch der Welt wird so viel diskutiert und bisweilen auch gestritten wie über die Bibel, dabei wissen die meisten Menschen kaum Bescheid über dieses 'Buch der Bücher', das auch „Heilige Schrift“ oder „Wort Gottes“ genannt wird. Gelesen haben es, auch teilweise, nur die wenigsten, denn man kann die Bibel ja auch nicht so einfach lesen wie einen Roman oder ein Sachbuch. Vieles an ihr ist befremdlich, und weit verbreitet ist das Vorurteil, dass die meisten Geschichten sowieso erfunden und deshalb nicht wahr sind. Auf der einen Seite also ist die Bibel eine religiöse Autorität in Buchform, andererseits haftet ihr das Odium der Unglaubwürdigkeit an, weswegen man diesem Buch lieber aus dem Weg geht, als sich mit ihm ernsthaft auseinanderzusetzen. Genau hier aber liegt der „nervus rerum“, und deshalb erscheint es angeraten, dieses Heilige Buch einmal genauer anzuschauen und etwas Licht ins Dunkel zu bringen.

Es kann hier nicht darum gehen, eine wissenschaftliche Abhandlung vorzulegen, vielmehr sollen einige Sachverhalte möglichst verständlich dargelegt werden, damit ein weiterführendes, sachliches Gespräch über die Bibel möglich wird. Die Bibel, wie wir sie heute in unzähligen Ausgaben und Übersetzungen vorliegen haben, ist das vorläufige literarische Endprodukt einer bald dreitausendjährigen Entstehungs- und Überlieferungsgeschichte. Sie beginnt um 980 v. Chr., als Israel unter König David zum ersten Mal ein zusammenhängender Staat wurde und das Interesse an schriftlichen Aufzeichnungen wuchs. Was Jahrhunderte lang von Generation zu Generation mündlich überliefert worden war, wurde von Fachleuten wie Priestern und Schriftgelehrten in einzelnen Schriften aufgezeichnet, und dieser langwierige Prozess wurde ermöglicht durch das Entstehen einer verbindlichen Schriftsprache und verfeinerter Schreibtechniken.

Inhaltlich ging es im Wesentlichen um die Festlegung von Gesetzen und religiösen Ordnungen, um Fragen der Herkunft des Volkes und seines Glaubens. In einer Fülle von Geschichten, die teilweise mehrfach überliefert sind, wird der Glaube an Jahwe, den einen Gott als Schöpfer des Lebens und Stifter des Bundes mit seinem Volk, zum Mittelpunkt des jüdischen Lebens und politischen Handelns. Es entstehen im Laufe der Jahrhunderte, geprägt von den sich auch durch äußere Einflüsse wandelnden Lebensbedingungen, verschiedene Textgattungen. Neben geschichtlichen Texten sind das Gesetze und kultische Ordnungen, Lieder und Gebete (Psalmen) sowie zahlreiche prophetische Texte, an denen man die bewegte politische und religiöse Geschichte Israels ablesen kann.

Die Anzahl der Verfasser dieser Schriften der 'Thora' (Gesetz, Weisung) sowie ihre Namen sind zumeist unbekannt oder sinngemäß rekonstruiert. So ist z.B. die Bezeichnung „Fünf Bücher Mose“ erst in christlicher Zeit eingeführt worden und keinesfalls ein Hinweis auf Mose als Verfasser, zumal dieser um 1300 vor Christus lebte und das „gelobte Land Kanaan“ nie betreten hat. Wegen der Geschichte mit den Gesetzestafeln gilt er aber als Vater des jüdischen Gesetzes insgesamt. Der 'Pentateuch', ein aus fünf Schriftrollen bestehendes Sammelwerk am Anfang des Alten Testaments, trägt im Hebräischen ganz andere Namen, so z.B. das erste Buch „b'reschit“, was übersetzt „Im Anfang“ heißt. Mit diesen Worten beginnt ja der Schöpfungstext am Anfang des Alten Testaments. Gerade diese ersten fünf Bücher sind ein Musterbeispiel für den vielschichtigen Entstehungsprozess biblischer Texte.

Sie setzen sich aus mehreren Traditionen zusammen, die in einem Zeitraum von etwa vierhundert Jahren an verschiedenen Orten entstanden sind und auch so mancher redaktionellen Arbeit unterzogen wurden.

Bekanntestes Beispiel ist die so genannte Paradiesgeschichte (Gen. 2), in der es um das Wesen des Menschen und sein Verhältnis zu Gott geht, dem er seine leibliche und seelische Existenz verdankt. Dieser Text steht zwar hinter der bekannten Schöpfungsgeschichte (Gen. 1), ist aber gut 450 Jahre älter und in Jerusalem entstanden, während das Sechs-Tage-Werk zur Zeit der babylonischen Gefangenschaft verfasst wurde und das Wirken eines kosmischen Schöpfers beschreibt, der am Ende auch noch die Menschen „nach seinem Bilde“ geschaffen hat. Zusammen gehören die beiden Schöpfungstexte zu den ersten elf Kapiteln der 'Genesis', die auch „Urgeschichte“ genannt werden. Danach beginnen mit Abraham die Erzvätergeschichten.

Wir müssen heute mehr denn je einen neuen Umgang mit beiden Teilen der Bibel lernen. Nicht der mehr oder weniger gläubige Leser mit seinen theologischen und dogmatischen Vorgaben bestimmt über den Wahrheitsgehalt, sondern die Texte der Bibel selbst, die sich uns nur durch genaues Hinschauen und Fragen nach den Ursachen und Motiven ihrer Entstehung erschließen. Die biblischen Texte sind Zeugnisse des Glaubens ihrer jeweiligen Zeit, und wir dürfen sie nicht als „unsere“ Glaubenszeugnisse ausgeben und schon gar nicht in ein christlich-theologisches Korsett zwingen. Wir haben sie nicht aufgrund unseres Glaubens geschrieben, sondern übernommen als Grundlage des gut zweitausend Jahre bestehenden Christentums, in dessen Geschichte wir hineingeboren sind und dessen Traditionen wir übernommen haben.

Nun ist es durchaus richtig und sinnvoll, dieses von Menschen verfasste Gotteswort als Orientierung und Wegweisung für unser Leben und Glauben anzunehmen und es dabei einer genauen und im besten Sinne kritischen Untersuchung und Interpretation zu unterziehen, so wie es Theologen zu allen Zeiten getan haben. Daran ist weder etwas Verwerfliches noch für den Glauben Schädliches, sondern es ist notwendig, eben diesen lebendigen Glauben vor Rechthaberei und Erstarrung zu bewahren. Dies gilt in besonderer Weise für das Neue Testament, welches ohne die Vorgaben der alttestamentlichen Theologie nicht denkbar ist.

Die ersten Christen waren Juden und, außerhalb Israels, griechisch sprechende Nicht-Juden, die von wenigen Ausnahmen abgesehen keine Möglichkeit hatten, die Schriften des Alten Testaments zu lesen. Sie waren deshalb angewiesen auf Menschen, die ihnen Jesus, den Christus, aus ihrer eigenen Erfahrung nahe bringen konnten, und dies geschah zunächst durch mündliches Zeugnis und die Predigt der ersten Apostel, allen voran Paulus. Dieser allerdings hatte unter dem Namen Saulus zunächst die Christen verfolgt und war durch ein eigentümliches Bekehrungserlebnis in der Nähe von Damaskus zum „Apostel Jesu Christi“ geworden. Unklar ist bis heute, woher Paulus die Kenntnis seiner umfassenden Christus- Theologie gewonnen hat, die neben Anweisungen zu einem Christus gemäßen Leben richtungweisende Aussagen über Taufe und Abendmahl sowie die Vergebung der Sünden und die „Rechtfertigung aus Glauben“ enthält.

Was wir bei Paulus in seinen Briefen nicht finden, sind Berichte über das Leben und Auftreten von Jesus, ebenso wenig wie über sein Leiden und Sterben. Paulus erzählt nichts über Jesus, er bekennt ihn vielmehr als den gekreuzigten und auferstandenen Christus, also den auserwählten Messias, den Sohn des Vaters. Aus der Apostelgeschichte des Evangelisten Lukas erfahren wir recht genaue Details über die Missionsreisen des Paulus und seiner Gefährten, die mit ihm in Kleinasien und Griechenland bis hinüber nach Rom unterwegs waren. Allerdings sind diese Begebenheiten erst 10 bis 15 Jahre nach dem Tod des Apostels verfasst worden und sind keine Augenzeugenberichte. Dennoch geben sie einigen Aufschluss über die Ausbreitung des christlichen Glaubens in den ersten Jahrzehnten nach dem Kreuzestod von Jesus.

Die frühen christlichen Gemeinden hatten also keine biblischen Texte zur Verfügung, an denen sie sich hätten orientieren können. Möglicherweise gab es Abschriften der Apostelbriefe, die unter den Gemeinden weitergereicht wurden, im Wesentlichen aber stützte sich die Ausbreitung des Glaubens auf die Predigt der Apostel und ihrer Beauftragten. Dabei muss schon Paulus sich mit Abweichungen von seiner Verkündigung auseinandersetzen und die Gemeinden zum Verbleib bei der von ihm verkündeten Lehre ermahnen (Röm.16,17). Immer drängender wurde die Frage, wer denn Jesus, der Christus, gewesen sei, wo er gelebt und was er gelehrt habe, und warum er gewaltsam gestorben sei. Das neue verheißene Leben mit Christus anzunehmen, war das eine, noch wichtiger aber erschien die Antwort auf die Frage, warum der Tod Jesu am Kreuz und seine Auferstehung eine solch zentrale Heilsbedeutung gewinnen konnten. Auf diese Fragen wollten die Verfasser der Evangelien mit ihren Berichten über den irdischen Jesus Antworten geben.

Beispielhaft sagt es Lukas gleich zu Anfang seines Evangeliums (Kap.1,1ff.) : „Nachdem schon viele es unternommen haben, Bericht zu geben von den Geschichten, die unter uns geschehen sind, wie uns das überliefert haben, die es von Anfang selbst gesehen haben und Diener des Worts gewesen sind, habe auch ich es für gut angesehen, nachdem ich alles von Anbeginn mit Fleiß erkundet habe, dass ich es für dich, verehrter Theophilus, in guter Ordnung aufschreibe, damit du den sicheren Grund der Lehre erfährst, in der du unterrichtet bist." Der „verehrte Theophilus" ist wohl keine Einzelperson, sondern allgemein jeder „Gottesfreund" oder „von Gott Geliebte", also jeder Christenmensch.

Die Entstehungszeit der Evangelien wird angesetzt zwischen 60 und 90 n.Chr., wobei Markus der älteste ist und als Vorlage für Matthäus und Lukas gedient hat. Man nennt diese drei auch die 'synoptischen Evangelien', da sie trotz mancher Besonderheiten die meisten Gemeinsamkeiten aufweisen. Johannes als der „jüngste" geht theologisch und sprachlich eigene Wege, ist aber im Grundaufbau den anderen verwandt. Außer diesen vier im Neuen Testament enthaltenen Evangelien gab es noch zahlreiche andere Texte, die zu derselben Gattung gehören, aber dennoch nicht zum so genannten Kanon der neutestamentlichen Texte gerechnet werden. Hier wurde um 120 n.Chr. bereits eine Auswahl getroffen, die bis heute gültig und ein Zeichen selbstbewusster theologischer Traditionsbildung ist.

Die Geschichte der biblischen Überlieferung ist ein über Jahrhunderte gehender Prozess, der bis in die Zeit der Reformation geprägt war von der Dominanz weniger theologischer Gelehrter unter dem Einfluss kirchlicher Autorität. Was von oben herab gelehrt wurde, musste geglaubt werden, und Zuwiderhandlungen wurden mit Sanktionen und Strafen belegt. Erst die Verbreitung der deutschen Bibelübersetzungen von Luther und Zwingli sowie die Herausgabe eines weitgehend einheitlichen Katechismus ermöglichten eine breite religiöse Bildung und Einblicke in die biblische Botschaft. Gleichwohl führten diese Entwicklungen ihrerseits wieder zu dogmatischen Verfestigungen, die zu kritisieren und aufzubrechen sich nur wenige theologischen Lehrer getrauten.

Bis in die Gegenwart hinein reichen die Auseinandersetzungen zwischen konservativen und liberal-kritischen Positionen im Umgang mit der Bibel, und diese Diskussionen finden zumeist fernab der Gemeinden statt und stoßen dort eher auf Unverständnis. Dies liegt an einer immer noch weit verbreiteten Unkenntnis über Wesen und Inhalt biblischer Texte und am fehlenden Mut derer, die solches gelernt haben, über die Erkenntnisse der heutigen Theologie offen zu sprechen.

Das Neue Testament

Glaubensbotschaft mit und ohne Jesus

Wir sind es als Christen gewohnt, die Texte des Neuen Testaments als „Evangelium von Jesus Christus“ zu lesen und zu verstehen. Nur selten fragen wir nach der Entstehung dieser Sammlung von Texten, die je auf ihre Weise Zeugnis ablegen von dem in ihrer Zeit entstandenen Glauben an Christus, den auferstandenen Sohn Gottes und Erlöser. Es gehört zu den Geheimnissen der Anfänge des Christentums, dass nach dem Tod Jesu am Kreuz jüdische Menschen anfingen, sich zu diesem gewaltsam getöteten Rabbi zu bekennen und ihn als Heilsfigur ins Zentrum ihres Glaubens zu stellen. In dieser Mischung aus jüdischer Tradition und Aufbruch in eine neue Glaubenswirklichkeit liegen die Wurzeln des christlichen Denkens und Glaubens.

Wir wissen nicht, ob es in dieser Umbruchszeit bereits Versuche gab, die neue Theologie in irgendeiner Weise schriftlich festzuhalten. Man kann in der für die Evangelien später postulierten Spruch- und Redenquelle (Q) solche Versuche erkennen, möglichst zeitnah authentische Worte und Lehrstücke von Jesus festzuhalten, in der Briefliteratur der Apostelzeit wird auf solche Redestücke kein Bezug genommen. Diese Apostelbriefe sind - bis auf wenige spätere Texte - lange vor den Evangelien verfasst worden, und erst nach dem Tod von Paulus und Petrus (ca. 55 n.Chr.) sind die ersten Berichte über Jesus entstanden (Markus um 60 n.Chr.). Hinzu kommt, dass sich der Christusglaube in der Folgezeit nicht so sehr in der Urgemeinde in Jerusalem und in Israel, sondern im nichtjüdischen Ausland, also in Kleinasien und Griechenland ausgebreitet hat.

Ein Grund hierfür mag der theologische Streit auf dem so genannten Apostelkonzil gewesen sein (Apg. 15), wo es um die grundsätzliche Bedeutung der Beschneidung ging, d.h. um die Frage, ob Nicht- Beschnittene zum Glauben an Christus kommen können. So werden Paulus, Barnabas und andere nach Antiochien, Syrien und Kilikien mit einem Sendschreiben geschickt, das den dortigen Getauften nur weniger bedeutsame Auflagen macht (Apg.15,29). In der Folgezeit kommt es zu einer allmählichen Loslösung des frühen Christentums vom herkömmlichen gesetzlichen Judentum und damit zur Entwicklung einer eigenständigen christlichen Theologie, die anfänglich wesentlich eine Christologie war, in der es weniger um den irdischen Jesus als vielmehr um den auferstandenen und zur Rechten Gottes erhöhten Herrn, den Kyrios, ging.

Bedenken wir dabei, dass das Neue Testament in seinen unterschiedlichen Texten nicht ohne die Vorgaben des Alten Testamentes gesehen und verstanden werden kann. Ob sich nun Paulus auf den „alten Adam" im Verhältnis zu Christus (Röm. 5,12 ff), oder die Evangelisten in ihren Berichten auf die Propheten beziehen, immer spielt die jüdische Theologie in die christliche hinein. Am sinnenfälligsten wird dies etwa bei den Vorlagen des 'leidenden Gottesknechtes' bei Jesaja für die Passion von Jesus, der wie ein Lamm zur Schlachtbank geführt wird (Jes. 53, 7). Die spätere Erlösungslehre ist zuvor in Jes. 53, 5 angelegt: „Die Strafe liegt auf ihm, auf dass wir Frieden hätten, und durch seine Wunden sind wir geheilt". Die Ankündigung des Messias und seines Friedensreiches schwingt in der weihnachtlichen Verheißung des Friedefürsten mit (Jes. 9, 5+6) und schließt selbst die jungfräuliche Geburt des Immanuel mit ein (Jes. 7,14).

Die Lukanische Geburtsgeschichte schließlich zitiert zwar nur die „Krippe" aus Jesaja 1,3, aber die bildhaften Darstellungen der Christgeburt führen uns seit alters her den Ochsen und den Esel als Glaubensvorbilder vor Augen, da sie ihren Herrn kennen und von seiner Heilsspeise leben. Die Parallelen vom Volk, das ein großes Licht sieht (Jes. 9,1), zu den Hirten, über denen in der Nacht der Lichtglanz Gottes aufgeht, sind einleuchtend und verweisen ebenso auf die Verarbeitung prophetischer Tradition in den Aussagen über die Geburt des Heilandes (Lk. 2,11), „welcher ist Christus, der Herr". Diese Beispiele sollen hier genügen, um die engen Beziehungen der biblischen Traditionen zu belegen, von denen aber die meisten der frühen Christen in Kleinasien und Griechenland zunächst nichts gewusst haben. Erst die auf Griechisch verfassten Texte der Evangelien brachten ihnen diese Zusammenhänge näher und machten die Grundlagen ihres Glaubens verständlich (vgl. Lk.1).

Die Frage aber, woher die Evangelisten ihre Informationen über Jesus bezogen haben, um ihre Texte so zu schreiben, ist damit noch nicht hinreichend beantwortet, ebenso wenig wie die Frage, wie und wodurch der Apostel Paulus seine Christus-Theologie entwickeln konnte, die bis heute eine der wesentlichen Grundlagen christlicher Theologie überhaupt darstellt. An einen theologischen Alleingang des vormals jüdischen Pharisäers mag man kaum glauben, und die wundersame Bekehrung im Lichtstrahl vor Damaskus ist allenfalls ein Hinweis auf die radikale Änderung seiner Position gegenüber den Christusgläubigen, die er zuvor noch heftig verfolgt hatte (Apg. 9,1).

Das alles wirft dazuhin die Frage auf, welche Rolle Jesus selbst bei der Entstehung der ihn bezeugenden und von ihm handelnden Schriften spielt. Immerhin ist er die Hauptfigur und theologische Mitte, um die sich der ganze christliche Glaube dreht. Auch wenn die entstehenden schriftlichen Dokumente aufgrund ihrer zeitlichen Nähe zum irdischen Jesus zu der Annahme verführen, der Rabbi aus Nazareth sei darin zumindest teilweise authentisch gegenwärtig, so muss man ehrlicherweise zugeben, dass es sich sowohl bei den Apostelbriefen als auch bei den Evangelien um Zeugnisse des Glaubens handelt, ganz gleich, ob sie vom gekreuzigten und auferstandenen Christus oder vom irdischen Jesus berichten. Jesus selbst hat an der Entstehung dieser Texte direkt keinen Anteil, da es bis zu seinem gewaltsamen Tod zwar Anhänger und Sympathisanten gegeben hat, die ihm nachfolgten, keinesfalls aber schon Menschen, die im Sinne des frühen Christentums an ihn glaubten und sich als Zeichen der Zugehörigkeit zu ihm und seiner Gemeinde (kyriake ekklesia = Versammlung des Herrn) taufen ließen.

Dieser Glaube entwickelte sich unmittelbar nach seinem Tod in der so genannten 'Urgemeinde' in Jerusalem, zu der neben den Jüngern von Jesus eine zunächst nicht allzu große Zahl von Menschen gehörte, die von der Hinrichtung des Rabbi Jesus erschüttert waren und sich mit seinen Begleitern solidarisch erklärten. Die Katastrophe von Golgatha löste neben einer anfänglichen Depression, in die sich sicher auch Wut über Ungerechtigkeit und Willkür der Mächtigen mischte, eine geradezu trotzige Unterstützung und Begeisterung für den beliebten Volksprediger aus. Er war zwar leiblich tot, aber sein Eintreten für die Armen, Kranken und Leidenden und seine befreiende Botschaft vom Leben angesichts des Todes beförderte die feste Überzeugung, dass Gott selbst ihn zum Vorbild des neuen Lebens auserwählt hatte. Das wollten sie allen Widerständen und Anfeindungen zum Trotz in die Welt hinaus verkündigen, und das sollte der zukünftige Maßstab ihres Lebens sein.

Es war im Zusammenhang des jüdischen Denkens und Glaubens, das, wie oben erwähnt, auch in den Texten der Propheten seinen Niederschlag gefunden hatte, nahe liegend, dass Parallelen zum Leben und Leiden des Jesus von Nazareth gezogen wurden und man in ihm die Erfüllung der prophetischen Verheißungen sehen konnte. Schnell war klar, dass er der verheißene Friedefürst (Jes.9 u.11) und Messias (griech. 'Christos') sein musste, auf dessen Ankunft das Volk seit mehr als zweihundert Jahren gewartet hatte. Durch ihn nahm die neue Heilszeit Gottes ihren Anfang, wie sie im „Danklied der Erlösten“ (Jes.12) schon vor langer Zeit besungen worden war. Diese den unmittelbar erfahrenen Tod überwindende Euphorie spiegelt sich in dem bilderreichen Bericht des Lukas über das 'Pfingstwunder' und das Wirken des Geistes Gottes wider (Apg. 2).

Über die Taufe

Die Abschaffung des Totenreichs

Die Taufe ist von Anfang an eines der konstituierenden Elemente des Christentums. Schon in den ersten Jahrzehnten des christlichen Glaubens, der sich durch die Apostelmission unter den vorwiegend griechisch sprechenden Bewohnern des östlichen Mittelmeerraumes rasch ausbreitete, war die Taufe das überzeugendste Argument für die noch mit dem traditionellen antiken Weltbild vertrauten Menschen, sich dem neuen Glauben zuzuwenden. Dieses antike Weltbild bestand Jahrhunderte lang aus der Vorstellung, dass die gesamte Welt in drei Ebenen eingeteilt ist. In der Mitte war die Welt des irdischen Lebens, darüber wölbte sich der Himmel der Götter, und darunter stellte man sich die Unterwelt vor, das Schattenreich, in dem die Toten für immer „weiterlebten“. Der Grenzfluss Halys trennte das Reich des Lebens von dem Reich des Todes, aus dem es kein Entrinnen gab („point of no return“).

Diese Dreiteilung der Welt findet sich paradoxerweise bis heute im zweiten Glaubensartikel wieder, wenn es von Jesus Christus heißt, er sei nach seinem Tod am Kreuz hinab gestiegen in das 'Reich des Todes', am dritten Tage auferstanden von den Toten und aufgefahren in den Himmel. Er sitzt zur Rechten Gottes, des Vaters und wird von dort (!) wiederkommen, „zu richten die Lebenden und die Toten“. Diese Formulierung steht eigentlich im Widerspruch zu dem, was die frühen Christen aus der Predigt der Apostel und aus ihrem Taufunterricht gelernt hatten. So schreibt Paulus im Römerbrief (6, 3 ff.): „Sind wir mit Christus in seinen Tod hineingetauft (ins Wasser hinuntergetaucht), so werden wir mit ihm (aus der Tiefe des Todes) auferstehen und (bei Gott) leben.“

Paulus erinnert hier an das Ritual der Taufe, wie es an unzähligen Menschen vollzogen wurde, die zum Glauben gekommen waren. So wurden wenig später die ersten Kirchengebäude als Taufkapellen gebaut, in denen sich die Gemeindeglieder um ein großes, steinernes Wasserbecken versammelten, in dem die Täuflinge untergetaucht und danach mit einem hellen Gewand bekleidet wurden als Zeichen der Reinheit und des neuen Lebens. So wurde recht sinnenfällig die Befreiung vom ewigen Verbleib im Totenreich demonstriert und in der Gemeinschaft der Gläubigen gefeiert. Dies kam sinngemäß der Abschaffung des Totenreichs und damit der Unterwelt gleich, und dieses Erlebnis beförderte den Glauben an die Auferstehung sowohl des ’Christos kyrios’, des Herrn über Leben und Tod, als auch den Glauben an die allgemeine Auferstehung der Toten, wie sie im dritten Glaubensartikel bis heute bekannt wird. Somit ist die Taufe das Zeichen eines neuen, ewigen Lebens bei Gott, an dem wir als „Kinder Gottes“ teilhaben dürfen.

Bei der Taufe wird dem einzelnen Menschen, gleich welchen Alters, die Gotteskindschaft zugesprochen. Den Segen der Taufe zu bekommen ist nicht die Folge einer Entscheidung des Menschen für Gott, sondern Gott selbst hat sich für ihn entschieden. Darum geht es auch nicht um die Zugehörigkeit zu einer Kirche oder Gemeinde oder gar um die Namensgebung wie bei einer Schiffstaufe. Ein Kind, das sich selbst noch nicht für den Glauben entscheiden kann, wird auf den Glauben der Eltern und Paten hin getauft, mehr noch, auf den Glauben der ganzen Gemeinde. Die Taufe ist kein Individualservice der Kirche zur Erlangung weiterer Kirchensteuerzahler, sondern sie symbolisiert die Einheit mit Gott und Christus durch den Heiligen Geist.

Nun wird aber in der christlichen Glaubenslehre auch noch davon gesprochen, dass die Taufe nach Luther ein „Sakrament und göttlich Wortzeichen" sei, durch das der Mensch von Sünde und Schuld befreit wird. Dieses Verständnis rührt von dem Bericht der Taufe Jesu durch Johannes im Jordan her (Mk.1, 5) und geht auf ein jüdisches Reinigungsritual zurück. Johannes (der Täufer) ruft die Menschen zu sich, damit sie Buße tun und sich der Vergebung ihrer Sünden durch das Bad im Jordan vergewissern. Dieses Ritual wurde ansonsten individuell in einem Wasserbecken im Untergeschoß einer Synagoge vollzogen, und der oder die Gereinigte hatte sich anschließend dem Priester zu zeigen, der aufs Neue die Kultfähigkeit des Gläubigen bestätigte.

Taufe im christlichen Sinn ist eine öffentliche Angelegenheit und verweist auf die „Gemeinschaft der Heiligen" (3. Glaubensartikel), zu der sich die Getauften zählen dürfen. Sie werden, wie Paulus sagt, zu Gliedern am Leibe Christi (Eph.5, 30), wobei Christus selbst das Haupt ist (Kol.1,18). Die Taufe ist also zugleich ein Heilszeichen für den einzelnen Menschen und auch ein konstituierendes Element von Kirche (ekklesia kyriake = Versammlung des Herrn). Das zweite grundlegende Element ist das Abendmahl, das "deipnon kyriou", bei dem die versammelte Gemeinde die Gemeinschaft mit Christus und die Teilhabe an seinem Leib feiert. Daher gehören Taufe und Herrenmahl als die beiden Hauptsakramente der Kirche eng zusammen, da sie jedes auf seine Weise sich auf Jesus, den Christus, beziehen.

Über das Abendmahl

Die getrennte Einheit

Am Abendmahl scheiden sich die kirchlichen Geister, und das schon seit Jahrhunderten. Dabei sollte es ursprünglich ein Zeichen der Einheit (communio) mit Christus und untereinander sein. So zumindest ist es uns im Neuen Testament überliefert, doch haben Theologen und andere Kirchenleute immer wieder an Sinn und Inhalt so lange herumgebastelt, bis es schließlich zum Zankapfel zwischen den Konfessionen wurde. Allerdings weist die Kirchengeschichte nicht wenige Versuche auf, zum Ursprung dieses Sakramentes zurück zu kommen und es von unseligen dogmatischen Mutationen zu befreien. Bis heute aber stellt die Uneinigkeit der Kirchen im Umgang mit dem Abendmahl (alias Eucharistie) einen Skandal dar, der das eigentliche Hemmnis ökumenischer Gemeinschaft ist.

So sind wir trotz allem guten Willen immer noch weit entfernt von einer selbstverständlichen Abendmahlsgemeinschaft der Kirchen untereinander. Dabei geht es nicht in erster Linie darum, in welcher Form das Mahl eingenommen wird, ob nur mit dem Austeilen des „Leibes Christi“ wie in der römisch-katholischen Kirche oder „sub utraque specie“, also mit Brot und Wein, wie es in den reformatorischen Kirchen praktiziert wird. Niemand kann so recht erklären, warum bei den Katholiken mit wenigen Ausnahmen nur der Priester aus dem Kelch trinkt, obwohl es in den Einsetzungsworten heißt: „Trinket alle daraus“. War es die Scheu vor der Entweihung des Blutes Christi, wenn zu viele Leute möglicherweise zu viel vom Messwein tranken, der ihnen umsonst dargeboten wurde? Waren es theologische Erklärungsversuche, dass ja im

Leib das Blut enthalten sei? Immerhin muss ein Altar neu geweiht werden, wenn ein Kelch aus Unachtsamkeit umgestoßen wird.

Schon lange vor der lutherischen Reformation zu Anfang des 16. Jahrhunderts feierten die Anhänger des 1415 in Konstanz als Ketzer verbrannten Johannes Hus das Mahl mit dem Wein, weshalb sie einen goldenen Kelch in ihrer Kirchenfahne trugen und daher „Calixtiner" genannt wurden, was sich vom lateinischen Wort „calix" (Kelch) ableitet. Doch dann entzündete sich unter den protestantischen Kirchen der so genannte Abendmahlsstreit an der Frage, ob die Elemente Brot und Wein 'realiter' Leib und Blut Christi „sind" oder diese nur symbolisch „bedeuten". Die Katholiken haben es da anscheinend leichter, wenn sie glauben, dass in der 'Wandlung' Brot und Wein wirklich zu Leib und Blut Christi werden, und diese leibhaftigen Elemente Gott zu einem "wohlgefälligen Opfer" vom Priester dargebracht werden, der Opfertod Christi also bei jeder Eucharistiefeier nachvollzogen wird.

Welcher Anschauung und Praxis man auch den Vorzug geben mag, unstrittig ist, dass das christliche Abendmahl seinen Ursprung im jüdischen Passahmahl hat, welches Jesus selbst als jüdischer Rabbi nach dem Bericht der Evangelien kurze Zeit vor seiner Verhaftung mit seinen Begleitern gefeiert hat. Bei diesem traditionellen Abendessen wird bis heute an die Befreiung aus der Knechtschaft in Ägypten erinnert. Als Hauptspeise wird gekochtes Lammfleisch gegessen, weil die Israeliten vor ihrer Abreise ein Lamm schlachten sollten, um mit dem Blut die Türpfosten ihrer Häuser zu bestreichen als Zeichen der Zugehörigkeit zum Volk Gottes. Vor Beginn des Essens werden die Sabbatlichter entzündet, und der Hausvater bricht und segnet Brot und Wein, ehe er beides an die Tischgemeinschaft weiterreicht. In den Evangelien tut Jesus dasselbe, nur mit dem Unterschied, dass er die Elemente Brot und Wein auf sich und seinen Tod und die Zeit danach bezieht: „dies tut zu meinem Gedächtnis".

Bedenkt man dabei, dass diese Texte Jahrzehnte nach seinem Kreuzestod von Christen geschrieben wurden, so liegt die Vermutung nahe, dass es sich bei den Einsetzungsworten um mit der Autorität des lebendigen Christus versehene liturgische Formulierungen handelt, die schon in der Apostelzeit in den Gemeinden gebräuchlich waren. Paulus schreibt im 1. Korintherbrief (Kap. 10, 16 ff.): „Der gesegnete Kelch, den wir segnen, ist der nicht die Gemeinschaft des Blutes Christi. Das Brot, das wir brechen, ist das nicht die Gemeinschaft des Leibes Christi?" Leib und Blut Christi sind demnach Symbole für die Gemeinschaft der Gläubigen, welche Glieder des einen Leibes sind. Wir haben es hier mit der wohl frühesten Entwicklung einer Christus-Theologie zu tun, die in den Gottesdiensten der Gemeinden praktiziert wurde und in den Evangelien ihren anschaulichen Niederschlag fand. Die Kirchen täten gut daran, diese theologischen Grundsätze zu beherzigen, anstatt sich ihre je eigenen dogmatischen Positionen um die Ohren zu hauen und damit die wahre Einheit des Glaubens zu verhindern.

Das Schlimmste aber ist, wenn aufgrund solcher eingefahrenen Traditionen Macht und Einfluss auf diejenigen ausgeübt wird, die diese Einheit ganz einfach praktizieren. So wurde nach dem ersten Ökumenischen Kirchentag in Berlin 2003 Gotthold Hasenhüttl, katholischer Priester und Professor für Systematische Theologie, von seiner Kirche abgestraft und seiner Ämter enthoben, weil er zusammen mit evangelischen Christen das Abendmahl gefeiert hatte als ein „Zeichen der Versöhnung", wie er später in einem Interview sagte. Was Professor Hasenhüttl getan hat, ist ihm als prominentem Theologen zum Verhängnis geworden, wird aber an der kirchlichen Basis schon seit langer Zeit praktiziert. Welcher katholische oder evangelische Pfarrer kann schon erkennen, welcher Konfession die Gottesdienstbesucher angehören, die am Abendmahl oder an der Kommunion teilnehmen? Wie soll ein Geistlicher mit Eheleuten, die verschiedenen Konfessionen angehören, umgehen, wenn diese mit ihren Kindern zur Erstkommunion oder zum Konfirmandenabendmahl kommen?

Dasselbe Problem stellt sich bei geschiedenen oder wiederverheirateten Paaren. Es ist schwer vorstellbar, dass in solchen und anderen Fällen kirchliche Gesetze und Vorschriften noch greifen, wenn unzählige Pfarrer aus seelsorgerlichen Gründen sich über sie hinwegsetzen und deshalb keine disziplinarischen Konsequenzen zu befürchten haben. Die Frage ist, wann endlich nicht nur die unteren Chargen, sondern die Verantwortlichen in den oberen Etagen der kirchlichen Hierarchie die Konsequenzen ziehen sowohl aus den theologischen Argumenten als auch aus der Praxis an der Basis der Gemeinden. Die den Glauben begründende und in den Kirchen erlebbar gemachte Mahlgemeinschaft mit Christus und die auf ihn ausgerichtete Zugehörigkeit zu seinem die Einheit stiftenden "Leib" muss alleiniger Maßstab sein für kirchliches Handeln in Verantwortung vor Gott und den Menschen.

Gedanken zum Gebet

Selbsterfahrung und Gotteserfahrung

Über das Gebet wird häufig gesprochen, weniger dagegen über das Beten, da es doch eine sehr private, intime Angelegenheit ist. Auf der anderen Seite ist Beten etwas, was auf der ganzen Welt unter allen Menschen rund um die Uhr ohne Unterlass geschieht. Wo wird nicht überall gebetet! In Gottesdiensten und Andachten, in Tempeln, Kirchen, Moscheen und Autobahnkapellen, in Krankenzimmern und Schulen, auf Bahnhöfen und Flugplätzen, in Autos, Omnibussen, Zügen, Schiffen und Flugzeugen, auf Berggipfeln und in tiefen Tälern, auf Straßen und Plätzen, in kleinen Kämmerlein und auf Toiletten (da ist man alleine und unbeobachtet!), im Bett und am Schreibtisch, in Wartezimmern und Prüfungsräumen - einfach überall dort, wo Menschen das regelmäßige oder spontane Bedürfnis haben, das auszusprechen, was sie gerade bewegt, ängstigt und besorgt oder erfreut und glücklich macht.

Martin Luther sagt in seinem Katechismus: „Das Gebet ist ein Reden des Herzens mit Gott in Bitte und Fürbitte, Dank und Anbetung“. Ein Reden des Herzens, ein geistiges Reden, das aus dem Innersten heraus kommt und sich einen Weg sucht zu dem, den wir 'Gott' nennen. Dabei ist es völlig unerheblich, wer oder was in diesem Moment des Redens von innen heraus Gott ist. Beten geschieht voraussetzungslos, nicht aber ziellos. Das, worum es dem Menschen in seiner gerade durchlebten Situation geht, wird zu einem Reden des Herzens, der Seele, einem Aussprechen hin zu Gott, dem unsichtbaren Gegenüber, das wie selbstverständlich und wirklich beansprucht wird, unabhängig davon, ob „man“ ansonsten an ihn glaubt oder nicht.

Dies entspricht der Erfahrung vieler gerade junger Menschen, mit denen ich mich im Laufe der Jahre im Religionsunterricht über das Gebet unterhalten habe. Für viele von ihnen ist das Beten die einzig noch sinnvolle religiöse Betätigung, unabhängig von der Religionszugehörigkeit oder Glaubensstärke. Ein entscheidender Punkt ist, inwieweit Menschen während ihres Heranwachsens das Beten „gelernt" haben, welche ganz praktischen Erfahrungen sie damit gemacht haben. Die meisten haben das Beten von anderen Menschen ihrer nächsten Umgebung erfahren, von der Mutter etwa oder vom Pfarrer, haben es einfach nachgemacht oder mitgemacht. So ist Beten mehr ein vorbildhaftes, soziales Tun, weniger ein verstandesmäßiges Begreifen. Dabei sollte die theologische Information und das Verstehen religiösen Verhaltens nicht zu kurz kommen, sei es durch die gemeinsame Erfahrung im Unterricht oder im gottesdienstlichen Raum, sei es durch die andächtige Situation einer Feier oder das bewusste Stillwerden mittels einfacher Formen der Meditation, etwa beim Betrachten eines Bildes oder beim Hören von Musik.

Es gibt so viele verschiedenartige Formen des Betens, je nach religiöser Tradition und Glaubensauffassung, und diese Vielfalt des Betens ist eine der geistigen Grundlagen unseres Menschseins. Beten ist eine Jahrtausende alte urmenschliche Verhaltensweise, die uns in ihrem Grunde angeboren ist und die wir auf ganz unterschiedliche Weise in unserem Leben entdecken und praktizieren. Dabei können wir sie immer wieder verlieren und wieder finden, je nachdem wir uns selbst und unsere Umwelt wahrnehmen. Und dann ist das Gebet immer auch ein Stück Selbsterfahrung und Gotteserfahrung, bewusst oder unbewusst.

Im Gebet verlassen wir uns selbst und geben unser Innerstes ein Stück weit preis, indem wir Gott außer uns suchen und doch in uns finden können.

Aus einer Vorlesung über das Gebet ist mir ein Satz in Erinnerung geblieben: „Das Gebet ist eine Brücke zu Gott". Ebenso könnte man auch sagen: Das Gebet ist eine Brücke zum Mitmenschen, denn wie oft gehen die betenden Gedanken zu einem Menschen, für den wir beten, sei es, dass wir ihn lieben, sei es, dass wir unsere liebe Not mit ihm haben oder uns um ihn sorgen. Was wir Fürbitte nennen, ist nichts anderes als geistige Fürsorge für den Nächsten, die wir „vor Gott bringen", wie es im gottesdienstlichen Gebet heißt. Es sind Menschen, aber auch Lebensverhältnisse und Stimmungen, die wir betend ansprechen und vor Gott ausbreiten. Wir hoffen bei alledem, dass Gott sich dieser unserer Gedanken und Gefühle annehmen möge, dass unsere Sorgen bei ihm gut aufgehoben sind und er sie uns helfen kann zu tragen.

Das Gebet ist ein innerer Raum, in dem wir Gott mit grenzenlosem Vertrauen begegnen. Dieses Vertrauen geht so weit, dass wir nicht im Voraus wissen, wem wir begegnen, wenn wir Gottes Gegenwart und Nähe erhoffen. Insofern ist es gut, wenn wir uns voraussetzungslos auf diese Begegnung einlassen. Je weniger wir in unserer Vorstellung erwarten, umso mehr werden wir die Kraft des Geistes Gottes erfahren, die aus dem Gebet entspringt. Beten entfaltet seine Wirksamkeit nicht auf Knopfdruck, als müsste das, was wir sagen, unmittelbar geschehen. Beten ist ein fortwährender Prozess unseres Bewusstseins, und es bedarf langer Übung und großer Geduld, begleitet von der Bitte: „Herr, lehre uns beten" (Lk.11, 1).

Gottesliebe und Nächstenliebe

Ein Dreiecksverhältnis

Wer kennt nicht das so genannte 'Doppelgebot der Liebe`? „Du sollst Gott deinen Herrn lieben von ganzem Herzen und von ganzer Seele und ganzem Gemüte. Dies ist das vornehmste und größte Gebot. Das andere aber ist dem gleich: Du sollst deinen Nächsten lieben wie dich selbst." (Matth. 22,37 + 38). Jesus antwortet damit auf die Frage eines Schriftgelehrten, welches denn das wichtigste Gebot im Gesetz sei. Damit ist der direkte Zusammenhang zwischen der Liebe zu Gott und zum Mitmenschen hergestellt, das eine ist vom anderen nicht zu trennen, und auch die Liebe zu sich selbst ist darin eingebunden. Was aber ist 'Liebe' in dieser dreifachen Beziehung, wodurch drückt sie sich aus?

Liebe bedeutet nach dem hebräischen Wort 'ahav', den anderen Menschen anzunehmen, ihm nahe zu sein, für ihn da zu sein, und zwar bedingungslos. Geliebt zu werden bedeutet also im Umkehrschluss, angenommen zu sein von dem, der mir nahe ist, ohne Vorbehalt. Diesem Idealbild von Liebe vermögen wir Menschen nicht immer zu entsprechen, und wenn, dann meistens mit irgendwelchen Einschränkungen. Von Gott glauben wir, dass er uns annimmt ohne Wenn und Aber, und wir vertrauen darauf, dass er uns nahe ist, auch wenn wir es nicht ahnen. Die Frage ist, wie nahe wir Gott sind, ob wir ihn lieben wie unseren 'Nächsten' bzw. wie uns selbst. Wir können sogar trennen zwischen der Liebe zu Gott und zu unserem Mitmenschen, aber „wenn einer sagt, er liebt Gott, und hasst seinen Bruder, der ist ein Lügner". „Dies Gebot haben wir von ihm, dass, wer Gott liebt, dass der auch seinen Bruder liebe“ (1.Joh.4, 20+21). Gottesliebe und Menschenverachtung sind nicht miteinander vereinbar, ebenso, wie Menschenliebe und Gottesverachtung nicht zusammengehen.

Aus diesem Zusammenhang wird klar, dass im anderen Menschen Gott gegenwärtig ist, auch wenn dies auf den ersten Blick nicht erkennbar erscheint. Der Mitmensch, also unser Nächster, ist ebenso ein Geschöpf Gottes wie wir selbst, nur fällt es uns nicht so leicht, Gott in uns zu entdecken. Hier offenbart sich die eigentliche Trennung von Gott, die man auch als Gottferne bezeichnen kann. Grund hierfür ist sicher auch die herkömmliche Anschauung, dass Gott ferne vom Menschen ist, weit weg „im Himmel“, von wo aus er die Welt regiert. Gott und Mensch - das sind zwei Welten, die sich kaum berühren und sich doch so nahe sind. Nicht umsonst rufen wir Menschen Gott um seine Hilfe an, „wenn wir in höchsten Nöten sein und nicht mehr wissen aus noch ein“ (EKG 366). Dann sehnen wir uns nach seiner Nähe, möchten gerne von ihm angenommen und im besten Fall geliebt sein, auch wenn wir ansonsten nicht viel nach ihm fragen.

Kann es sein, dass wir mit unseresgleichen genauso umgehen wie mit Gott, dass wir unseren Nächsten auch nur dann „annehmen“ oder auf ihn zugehen, wenn wir ihn brauchen? Sind Gott und Mitmenschen nur „nützliche Idioten“, deren wir uns je nach Bedarf bedienen? Das klingt vielleicht hart, muss aber der Ehrlichkeit halber doch einmal bedacht werden. Umso besser, wenn sich am Ende herausstellt, dass es nicht so ist. Andernfalls wäre dies der Ausdruck höchster Lieblosigkeit, zu der wir fähig sind. Hier spielt das Gebot der Feindesliebe herein, das uns von Jesus überliefert wird. Bei Lukas heißt es: „Wenn ihr die liebt, die euch lieben, was ist daran besonders?

(Lk.6, 32). „Vielmehr liebet eure Feinde und tut wohl denen, von denen ihr keinen Lohn erwartet“ (v 35). Das wahrhaft menschliche und liebevolle Verhalten besteht darin, Menschen anzunehmen, die wir nicht mögen und die uns mit ihrem Verhalten Mühe machen.

Gott gegenüber ist das ganz ähnlich. Solange alles in Ordnung ist und unser Leben ohne Probleme verläuft, Gott also das „tut“, was wir von ihm erwarten, solange „lieben“ wir ihn. Sobald aber unser Leben durcheinander kommt und Dinge geschehen, die uns große Not machen, hadern wir mit Gott und fragen vorwurfsvoll, warum er so etwas zulasse. Wir machen den „lieben“ Gott verantwortlich für „das Böse“ im Leben, wollen auf einmal nicht mehr an ihn glauben und treten sogar aus der Kirche aus. Wir fühlen uns in unserem von Gott Geliebtsein verletzt, enttäuscht, und reagieren unsererseits Gott gegenüber mit Liebesentzug.

Ein weiteres Beispiel für gegenseitige Abrechnung und Schuldzuweisung ist das Wort über den „Richtgeist“. „Was siehst du den Splitter in deines Bruders Auge und wirst nicht gewahr des Balkens in deinem Auge?“. „Zieh zuerst den Balken aus deinem Auge; danach sieh zu, wie du den Splitter aus deines Bruders Auge ziehst“ (Mt. 7, 3 u.5). Etwas spitzfindig könnte man sagen, dass man ja zuerst selbst wieder klar sehen können muss, um den Schaden des Bruders beheben zu können. Liebe deinen Bruder wie dich selbst, aber fang bei dir an, deine eigenen Fehler zu entdecken und zu beseitigen, dann kannst du die Liebe zu dir selbst auf deinen Bruder übertragen. Anders gesagt: nur wer mit sich selbst im Reinen ist, kann auch mit seinem Bruder ins Reine kommen. Die Klammer für beides liegt in der Bitte des Vaterunsers begründet: „Und vergib uns unsere Schuld, damit auch wir vergeben können denen, die uns etwas schuldig sind“ (nach Mt. 6,12).

So wird Gottes Liebe, mit der er uns annimmt, zum Mittler zwischen mir und meinem Nächsten.

Religion und Politik

Die (Un)vereinbarkeit zweier Systeme

Seit Menschen auf der Erde leben, gibt es zwei aus ihrem Wesen hervorgegangene Systeme. Das eine ist die Politik im Sinne eines mehr oder weniger organisierten und geregelten Zusammenlebens, das andere ist die Religion als Basis der moralisch-ethischen Verhaltensweisen, welche sich von einer höheren Instanz ableiten. Es ist die dem Menschen übergeordnete göttliche Autorität, zu der er sich auf seine ganz eigene Weise in Beziehung setzt. Ursprung von Religion ist die Erfahrung der eigenen Machtlosigkeit gegenüber Einflüssen und Geschehnissen, denen er in seiner Existenz ausgesetzt ist, die er aber gerade deshalb mit geistigen und materiellen Mitteln zu beeinflussen sucht.

Im Laufe der Menschheitsgeschichte haben sich nach diesem Grundmuster immer neue Formen von Religion und Politik herausgebildet, die bis heute die Gesellschaftsordnungen der Welt prägen. Dabei handelt es sich zumeist um Mischformen religiöser und politischer Machtstrukturen mit wechselnder Präferenz. Am häufigsten etablierte sich die direkte Beziehung des jeweiligen Herrschers zur dominierenden Gottheit nach Abstammung und Machtbefugnis und bescherte dem Menschenkönig die nahezu unanfechtbare Eigenschaft eines Gottkönigs. Der jeweilige Machthaber vereinigte politische und religiöse Macht und genoss in Personalunion irdische wie himmlische Verehrung.

Beispiele hierfür sind das Gottkönigtum ägyptischer Pharaonen, der römische Kaiser als unbesiegbarer Sonnengott („deus sol invictus“) und in der Neuzeit das 'Gottesgnadentum' europäischer Herrscher, die sich nicht selten an den Vorgaben kirchlicher Machtstrukturen orientierten. Die Allianz von irdischer und himmlischer Machtfülle beförderte zum einen Größe und Ansehen der jeweiligen Völker, brachte ihnen aber ebenso Unterdrückung, Leid und Ausbeutung. Die Entfremdung der in ausschweifendem Wohlstand lebenden geistlichen und politischen Oberschicht von der von ihr beherrschten und zumeist armen Volksmehrheit führte nach Zeiten relativer politischer Stabilität immer wieder zu Aufständen und Revolutionen, durch die sowohl die politische als auch die klerikale Macht erschüttert wurden, was zu einem erheblichen Vertrauensverlust in menschliche wie göttliche Autorität führte.

Die so unter den Menschen entstehende Verunsicherung und Orientierungslosigkeit wussten neue, moralisch und ideologisch scheinbar verlässliche Kräfte zu nutzen und für ihre Ziele einzusetzen. So hat beispielsweise die atheistisch geprägte Diffamierung und Unterdrückung von Religion in kommunistisch geführten Ländern des 20. Jahrhunderts bis heute Millionen von Menschen ihrer religiösen Traditionen entfremdet und so ihr ethisch-soziales Bewusstsein grundlegend verändert. Dasselbe gilt für das menschenverachtende ideologische System des Nationalsozialismus, das seine Fortsetzung in der sozialistischen Diktatur im Osten Deutschlands erfuhr. Hier wie dort ist aber der Versuch, die Religion als gesellschaftliche und moralische Instanz auszuschalten oder zumindest ideologisch anzupassen, am geistigen Durchhaltevermögen eines großen Teils der Bevölkerung und ihrem tiefen Bewusstsein für humane Werte gescheitert.

So ist in Deutschland bei formaler Trennung von Kirche und Staat das Zusammenwirken dieser Systeme auf der Basis gegenseitiger Achtung zum Wohl der Menschen weitgehend gelungen. Der Religionsunterricht an öffentlichen Schulen, die Militärseelsorge, die vielfältigen sozialen Dienste und die Beteiligung der Kirchen an anderen gesellschaftlichen Aufgaben (z.B. Medien, Ethikrat) seien als Beispiele genannt. Während Politik und (christliche) Religion in Mitteleuropa gegenwärtig keine wesentlichen Konfliktpotentiale aufweisen, entstehen seit geraumer Zeit insbesondere in muslimischen Ländern gesellschaftspolitische Probleme, die weder mit militärischen noch mit politischen Maßnahmen zu bewältigen sind. Grund hierfür ist eine zunehmende religiöse Radikalisierung mit dem Anspruch politischer Vorherrschaft.

Begriffe wie islamistische Revolution, Gottesstaat oder Wiedereinführung der islamischen Rechtsordnung (Scharia) gehen mit der weitgehenden Ablehnung von Rechtsstaatlichkeit und Demokratie nach westlichem Vorbild einher. Meinungsfreiheit und Menschenrechte spielen eine nur untergeordnete Rolle und werden allenfalls von oppositionellen Gruppierungen vertreten. Die Folge sind eine Zunahme terroristischer Übergriffe, Selbstmordattentate und kriegerische Auseinadersetzungen, die von höchsten politischen Stellen aus gesteuert werden. Ziel solcher Aktivitäten unter Berufung auf Gott (Allah) und seinen Propheten Mohammed ist der Kampf gegen die so genannten Ungläubigen im eigenen Einflussbereich und in anderen Ländern.

Hier handelt es sich offensichtlich um den gezielten Missbrauch von Religion zur Durchsetzung politischer Zwecke. Fundamentalistische Glaubenssätze werden kritiklos von ideologisch bestimmten Lehrmeistern übernommen und nicht hinterfragt. Andersdenkende sind automatisch

„Feinde“ und müssen vernichtet werden, und eine sachorientierte Auseinandersetzung kann nicht mehr stattfinden. Dies macht die Bewältigung von derart provozierten politisch-religiösen Konflikten auf internationaler Ebene schwer, wenn nicht sogar unmöglich. Hauptproblem dabei ist nicht die politische, sondern die religiöse Ausrichtung als Rechtfertigung von Gewalt und Zerstörung.

Was wir heute in einigen muslimischen Ländern beobachten, spielte sich vor Jahrhunderten ganz ähnlich im 'christlichen Abendland' und in den von hier aus eroberten überseeischen Gebieten ab. Was wurde nicht im Namen Gottes und des Kreuzes gemordet und vernichtet, erobert und verurteilt! Auch hier ging es um die Durchsetzung angeblich von Gott gewollter Machtansprüche und die Herstellung „gerechter“ Verhältnisse, auch hier wurden Religion und Glaube zu zweifelhaften politischen Zwecken missbraucht unter dem Vorwand, die Welt in höherem Auftrag dem Christentum zu unterwerfen und die Feinde der Kirche entweder zu bekehren oder zu beseitigen. Erst das Denken der Aufklärung hat dieses unheilvolle Treiben entlarvt und dazu beigetragen, es in der Folgezeit einzudämmen.

Im Grunde aber hat die unselige Vermengung von falsch verstandenen religiösen Idealen und deren Instrumentalisierung für politische Zwecke zu solch katastrophalem Verhalten geführt, dem wir heute wieder begegnen. Zu fragen ist, wie es zu solchem Missbrauch von Religion kommen kann, denn von ihren Wurzeln her ist keine Religion auf Krieg und Vernichtung von Menschenleben angelegt. Auch in der Deklaration der allgemeinen Menschenrechte findet sich keinerlei Rechtfertigung für aggressives und den Frieden gefährdendes Verhalten. Ein Grund für solches Fehlverhalten liegt in der Selbstüberschätzung des Menschen, insofern er sich anscheinend auf die Autorität Gottes beruft, in Wahrheit aber sich dieser Autorität bedient, um seine eigenen Interessen gegenüber anderen Menschen durchzusetzen und sich so wenigstens für eine gewisse Zeit einen Machtvorteil zu verschaffen.

Der zweite Grund ist der Mangel an Bildung, gerade auch im religiösen Bereich, weshalb es einflussreichen ideologischen Verführern möglich ist, nicht nur die wahren Intentionen ihrer Religion zu verschleiern, sondern unzählige Menschen für die Durchsetzung ihrer zerstörerischen Pläne zu missbrauchen. Der dritte Grund schließlich ist die immer mehr um sich greifende weltweite Armut und Perspektivlosigkeit, der sich Millionen von Menschen nahezu hilflos ausgesetzt sehen.

So unvereinbar politische und religiöse Systeme erscheinen mögen, so wichtig ist deren Zusammenwirken auf der Basis von Achtung und Toleranz gegenüber den in ihren jeweiligen Einflussbereichen lebenden Menschen. Der Leitgedanke der „Stiftung Weltethos“ kann zum Schlüssel für die Lösung der angesprochenen Probleme werden: „Kein Frieden zwischen den Nationen ohne den Frieden zwischen den Religionen“. Denn allen großen Religionen der Welt ist eine Grundregel gemeinsam, die es zu beherzigen gilt: „Alles nun, was ihr wollt, das euch die Leute tun sollen, das tut ihnen auch“(Mt.7, 12), oder anders gesagt: „Was du nicht willst, das man dir tu’, das füg’ auch keinem andern zu.“

Atem und Odem

Luft und Leben

Was atmet, lebt. Was nicht mehr atmet, lebt nicht mehr. Diese Erkenntnis ist den meisten Menschen so selbstverständlich, dass sie nicht mehr darüber nachdenken. Auch das Atmen ist ein Vorgang, der von selbst, ohne unser Zutun abläuft, und der nur dann unsere Aufmerksamkeit erregt, wenn wir erkältet sind oder aufgrund eines äußeren oder inneren Geschehens in Atemnot geraten.

Die Atmung hat, das weiß jeder, etwas mit Luft zu tun und spielt sich in den Lungen ab. Unter normalen Bedingungen reicht die Versorgung unseres Körpers mit Sauerstoff aus, es sei denn, wir sind müde und fangen an zu gähnen, und unser Organismus ruft nach sauerstoffhaltiger, frischer Luft. Sind wir körperlich angestrengt, beschleunigt sich der Atemrhythmus und wir sind "außer Atem". Kaum jemand bedenkt dabei, dass ein gesunder Mensch am Tag an die 22000 Mal atmet - das ist eine fast unglaubliche Zahl, und die dabei verbrauchte Menge an Luft geht in die Kubikmeter.

Ergänzend sei angemerkt, dass eine weitere lebenswichtige Aufgabe der Atmung die innere Bewegung des Körpers ist, die sich sowohl im oberen Teil, dem Brustraum, als auch im unteren Teil, dem Bauchraum, abspielt. Zwischen beiden Körperräumen liegt das Zwerchfell, unser größter und wichtigster Atemmuskel. Erfahrungsgemäß wird aber der Bauchraum mit seinen inneren Organen nicht als Atemraum wahrgenommen, weshalb es den allermeisten Menschen schwer fällt, diese uns angeborene Ganzkörperatmung zu praktizieren, welche bis in den Beckenboden hinab wirksam ist. Man betrachte einmal einen Säugling, der instinktiv auf diese ursprüngliche und gesunde Weise atmet und daraus auch die Energie für bisweilen heftiges Schreien bezieht.

An dieser Doppelfunktion der Atmung wird deutlich, wie umfassend sie unsere Lebendigkeit ausmacht und unsere Gesundheit bestimmt. Dazu hin liegt im Atem das große Geheimnis des Lebens an sich verborgen. Ein ungeborenes Kind atmet noch nicht und ist auf die Atmung der Mutter angewiesen. Mit dem Austritt aus dem Mutterleib und noch vor dem Durchtrennen der Nabelschnur beginnt das Kind zu atmen und lebt dann im wahrsten Sinne selbsttätig und eigenständig. Was aber macht sein Leben aus, bevor es selbst atmet?

Vom Glauben her gesehen ist es der Odem Gottes, der den Leib des entstehenden Individuums beseelt und leben lässt. So sagt es der Verfasser von Genesis 2, der etwa fünf Jahrhunderte vor dem kosmischen Schöpfungstext in Genesis 1 entstandenen Geschichte von der Erschaffung des Menschen. Gott formt aus Erde (adamah) den Menschen (adam) und bläst ihm den Lebensodem „in die Nase“ - ein uraltes Bild für den Eintritt der Seele in den Körper. Sterbend haucht der Mensch seine Seele wieder aus, sodass folgerichtig sich die Seele nicht in Nichts auflöst, sondern in den göttlichen Atemkreislauf zurückkehrt und so wieder ein Teil des ewigen Odems Gottes wird.

Hierin liegt auch die Verbindung von Odem und Atem begründet. Der Atem ist gleichsam die leibhaftige und organische Entsprechung des nicht organischen göttlichen Odems, welcher als 'Lebensenergie' dasselbe bedeutet wie das asiatische 'chi', das 'prana' in der Sprache des Yoga oder die 'dynamis' in der Begrifflichkeit des griechischen Philosophen Aristoteles. Dieser unterscheidet in seiner Schrift „Über die Seele“ zwischen dem dynamischen und dem geistigen Prinzip, das den Menschen zum einen körperlich, zum anderen geistig belebt. So wird die Frage nach dem Ursprung des Lebens in allen Religionen auf die Einwirkung des göttlichen Geistes zurückgeführt.

Entsprechend den Aussagen über die Schöpfung finden wir in Joh. 6, 63 den Satz: „Der Geist ist's, der da lebendig macht ... Die Worte, die ich zu euch geredet habe, die sind Geist und sind Leben". Martin Luthers Pfingstlied beginnt mit der Bitte: „Komm, Gott Schöpfer, Heiliger Geist" (EKG 126, 1), nach dem lateinischen Hymnus „Veni creator Spiritus" des Hrabanus Maurus zu Beginn des 9. Jahrhunderts. Nicht zuletzt spielt der Heilige Geist eine wichtige Rolle bei der Taufe, durch die wir Christen „neu geboren" und zu Kindern Gottes werden. Dies alles sind Zeichen des lebendigen Odems Gottes, den wir in uns tragen und mit jedem Atemzug spüren können.

Es ist also von großer Bedeutung, bei aller physiologischen Automatik die Einzigartigkeit des Atems wieder zu entdecken, durch den unser Leben und unsere Gesundheit erhalten werden. Die Versorgung aller Organismen mit Sauerstoff ist die sichtbare und messbare Energie, die alles Leben auf dieser Erde möglich macht. Dies wusste auch der Verfasser von Psalm 104: „ Du lässt ausgehen deinen Odem, so werden sie geschaffen, und du erneuerst die Gestalt der Erde (v 30). Du nimmst weg ihren Odem, so vergehen sie und werden wieder zu Staub (v 29)". Und der 150. Psalm endet mit den Worten: „Alles, was Odem hat, lobe den Herrn! Halleluja!"

Segen und Segnen

Praktizierter Glaube

Früher habe ich geglaubt, dass Segnen ein Job für Pfarrer ist. Oder für den Papst im Fernsehen, wenn er würdevoll den Segen „urbi et orbi“ spendet. Dazu muss man berufen sein, dachte ich, und das kann jemand nur tun, wenn er es gelernt hat. Als ich dann selbst Pfarrer wurde, habe ich gemerkt, dass ich das Segnen während des Studiums gar nicht gelernt hatte. Auch danach hat mir niemand erklärt oder gezeigt, wie ’man’ segnet. Ich habe es einfach nachgemacht, genau so, wie ich es unzählige Male bei anderen gesehen hatte. Die Worte waren ja vorgegeben und endeten mit ’Amen’, das konnte nicht so schwer sein.

Doch eine Frage beschäftigte mich von Anfang an: Was tue ich denn da, wenn ich segne, und was geschieht dabei? Ist es womöglich ein magisches Geschehen, ein geistlicher Zauber? Wer bin ich, dass ich anderen Menschen zusprechen darf: „Der Herr segne euch“. Dabei fiel mir auf, dass nicht ich segne, sondern der Herr, also Gott selbst. Ich war nur der Überbringer des Segens, der die Segensworte aussprechen durfte, weil dies zu den Aufgaben eines Pfarrers gehört.

Segen und Segnen sind aber weit mehr als geistliche Praxis von ordinierten Kirchenleuten. Wenn wir darauf schauen, was das Wort ’Segnen’ bedeutet, wird schnell klar, dass es ein Reden und Handeln aus dem Glauben heraus ist, das jedem Menschen möglich, ja aufgegeben ist, und die meisten tun es täglich, ohne dass es ihnen bewusst ist. ’Segnen’ heißt auf Lateinisch ’bene-dicere’, wörtlich „gut sprechen“ oder „Gutes sagen“ zu jemandem oder über jemanden. Die “benedictio Dei“ ist das gute

Wort, das uns von Gott her zugesprochen wird. Dabei kommt es darauf an, was solch ein Segenswort beinhaltet.

Am Beispiel des dreifachen Segens am Ende von Gottesdiensten soll dies verdeutlicht werden. „Der Herr segne dich und behüte dich“ - so sind wir es gewohnt, zu hören. Es sieht so aus, als seien ,'segnen' und 'behüten' zwei Dinge, die durch das 'und' verbunden sind. In Wahrheit besteht der Segen darin, dass Gott uns behütet. Im Hebräischen verweist das 'und' auf das, was folgt, d.h. Gott segnet dich dadurch, dass er dich behütet. Segensreich ist also das, was Gott an uns tut. Das Segnen wird mit Inhalt gefüllt, und dies zeigt sich auch bei den beiden folgenden Formulierungen des aronitischen Segens (Num.6, 24).

„Der Herr lasse sein Angesicht leuchten über dir und sei dir gnädig“. Das Gegenteil von einem „leuchtenden“ Angesicht ist wohl der finstere, abweisende Blick. Im leuchtenden, hellen Blick kommt das zum Ausdruck, was mit 'gnädig' gemeint ist, dass der andere freundlich angenommen und geliebt wird, und das bedingungslos. Ebenso verhält es sich beim dritten Teil dieses Segens: „Der Herr erhebe sein Angesicht auf dich und gebe dir Frieden“. Nur mit erhobenem Angesicht kann man den anderen anschauen, wahrnehmen. Der gesenkte Blick signalisiert Ablehnung und Misstrauen. Wenn sich zwei Menschen in die Augen schauen können, gehen sie aufeinander zu, und das ist der Anfang des Friedens.

Entscheidend bei allen drei Segensworten ist die Übertragung auf das zwischenmenschliche Miteinander. Wie Gott sich dem Menschen gegenüber verhält, so soll sich der Mensch seinem Nächsten gegenüber verhalten, anders gesagt, der einzelne soll in die Rolle Gottes schlüpfen und dem Nächsten so begegnen, wie Gott es tun würde. Das ist ein Stück praktizierter Glaube und entspricht dem Gebot der Nächstenliebe: „Liebe deinen Nächsten wie dich selbst“. Sprich ihm Gutes zu und segne ihn damit, tue ihm Gutes und segne ihn damit.

Anlässe dazu gibt es viele, angefangen vom Taufsegen oder Brautsegen bis zum Segnen von Kranken oder Verstorbenen. Die Eltern können ihre Kinder segnen, wenn sie Abschied nehmen oder wenn sie etwas Wichtiges vorhaben. Und Liebende segnen einander, wenn sie es aussprechen oder zeigen: Ich liebe dich, d.h. ich segne dich mit meiner Liebe. Das ist Segnen im Alltag, wenn wir anderen Gutes sagen (benedicere) und Gutes tun (beneficere). Das müssen nicht immer die großen Worte und Taten sein, die kleinen können genauso segensreich sein, im Gegenteil, manchmal sind die kleinen, spontanen Gesten und Handgriffe sogar wirksamer als die großen, die einer längeren Vorbereitung bedürfen. Ein kleines Lächeln kann einen Eisberg zum Schmelzen bringen, und ein freundliches Wort kann Türen öffnen, die bislang verschlossen waren. Dann geschieht das, was man den 'Abraham-Effekt' nennen könnte, wenn in Genesis 12, 2 Gott zu ihm spricht: „Ich will dich segnen ... und du sollst zum Segen werden (für viele Geschlechter)“. Der Volksmund sagt es auf seine Weise: “An Gottes Segen ist alles gelegen“. Dazu braucht es keine Geistlichen und Päpste, aber hin und wieder können sie mit ihrem Segen am Sonntag einen Anstoß geben zum Segnen im Alltag.

Zehn Thesen zur gegenwärtigen Lage von Kirche und Glauben

Die Kirche ist in Gefahr, weil nicht so sehr Jesus Christus in ihrer Mitte steht, sondern allerlei selbsternannte Hüter des Glaubens und der Bibel, die den Eindruck erwecken, als seien sie im Besitz der alleinigen Wahrheit.

Die Kirche ist in Gefahr, weil in ihr Kräfte am Werk sind, die weniger von der Liebe zum Menschen und seinen Nöten geleitet sind, als vielmehr von Durchsetzungswillen und Macht gegenüber anders Denkenden.

Die Kirche ist in Gefahr, weil allen Beteiligten trotz anders lautenden Beteuerungen die Wahrung ihrer jeweiligen Rechte und Standpunkte wichtiger ist als die Verwirklichung dessen, was sie eint.

Die Kirche ist in Gefahr, weil Traditionen und selbst geschaffene Ordnungsprinzipien höher bewertet werden als die Basis allen Glaubens: die Bibel.

Die Kirche ist in Gefahr, weil immer weniger Menschen Kenntnis von den Inhalten und Aussagen der Bibel und des Glaubens haben und sich dafür an oberflächlichem Scheinwissen orientieren.

Die Kirche ist in Gefahr, weil die Zugehörigkeit zum Volk Gottes nicht in erster Linie eine Sache des Glaubens ist, sondern immer mehr von der Zahlung von Kirchensteuer abhängig gemacht wird.

Die Kirche ist in Gefahr, weil die Kluft zwischen Leitungsorganen und Gemeinden ständig größer wird und dadurch eine innerkirchliche Entfremdung und Spaltung entstanden ist.

Die Kirche ist in Gefahr, weil sie ihre Verantwortung für die Gesellschaft und damit für die Welt weitgehend reduziert auf Hilfsprojekte, die bei aller Notwendigkeit insgesamt zu wenig Beachtung und Rückhalt finden.

Die Kirche ist in Gefahr, weil sie den Dialog mit anderen Religionen ohne ausreichendes Selbstbewusstsein und eigene Glaubensstärke führt.

Die Kirche ist in Gefahr, weil sie die einigende Kraft des Geistes Gottes zwar lautstark proklamiert, aber nicht fröhlich und entschieden genug lebt.

Liturgischer Anhang auf Schwäbisch

Seligpreisungen (nach Matthäus 5)

Mensch, goohd's däane gued,
moo a oifachs Gmüed hend,
wenn se vom Herrgodd schwädsed,
ond däane ersch, moo nix vrzwenged,
däane gheerd d'Welt.

Mensch, goohd's däane gued,
moo draurich send ond wieder lacha kenned,
moo älles gwenned, weil se nix zom Vrliera hend,
moo ihrer Läbdaag nix anders hend wella
als Gerechdichkaid,
ond's no vrläabed.

Mensch, goohd's däane gued,
moo a gueds Herz hend so wie diea,
mid däane se zammaläabed,
moo Schdreid vrmeided
ond wiea Gschwischdr midanandr omganged,
moo an nix Bees dengged ond wissed,
dass dr Herrgodd doo isch,
moo wäga ihrer Aischdellong zom Läba
en Kauf nemmed,
dass mr se fir domm vrkaufd.

Lassed ons loba

Lassed ons loba da Herrgodd,
der graoß isch ond mächdich,
mid frohem Herza, von ganzer Seel
den, der so prächdich.
Vom ganza Land kommed ond senged midnand,
bloosed Trombeeda schee kräfdich.

Lassed ons loba da Herrgodd, der älle will segna,
der aus em Hemmel sai Liebe lessd ieber ons regna.
Hilfd aus dr Not, brengd onser Läba ens Lot,
will ons ganz fraindlich begegna.

Lassed ons loba da Herrgodd,
der nie kommd ens Wanka,
dem sai Barmherzigkeit auf dr Welt
kennd koine Schranka.
Was er vrschbricht, brengd ons zom Läba, zom Licht,
doodrfir well'mr ehm danka.

Nach: "Lobe den Herren" EKG 317 (17. Jhdt.)

Bis hierher hat mich Gott gebracht

Bis heut hoodd mi dr Herrgott gführt,
isch ällweil zu mir komma,
bis heut hoodd er, dass i ’s han gspürt,
mi bei dr Hand älls gnomma;
bis heut isch er mir gnädig gwä,
bis heut han i sai Liebe gsäh,
bis heut hoodd er mir gholfa.

Drom, lieaber Herr, sei du so guat
ond bleib an mai‘ra Seite,
oms Heilands Willa ond sai Bluat,
gang mit mir naus ens Weite.
So isch em Läba ond em Tod
durch Gottes Gnad älles em Lot,
er hoodd scho emmer gholfa.

Nach: EKG 329, 1+3

Zom Bädda (Vaterunser)

Liabr Vaddr em Hemml,
du bisch hailich, uff dii isch Vrlaß,
dai Word gild bei dir ond bei ons.
Hilf, daß mr äll Daag äbbes zom Läba hend,
ond nemm ons, wia mr send, mid onsre Fählr,
daß mr anandr gued sai kenned.
Ond zoig ons da Wäag, wenn mr drnäba send.
Du woisch, was mr brauched,
ond heebsch ons em Läba ond em Schderba
heid ond ällaweil.
So isch.

Sega

Älles, was mr brauched fir Leib ond Seel,
soll ons vom Herrgodd gschenggd sai.

Älles, was mr fir andre do kennad,
soll ons vom Herrgodd gschenggd sai.

Älles, was om ons rom needich isch,
soll ons vom Herrgodd gschenggd sai.

Älles, was ons zammaheld en Hoffnong ond Frieda,
soll ons vom Herrgodd gschenggd sai.

Älles, was Läba schaffd ond a rächde Fraid,
soll ons vom Herrgodd gschenggd sai.

Joo, so soll's sai
heid ond äll Daag.

* * *